早稲田教育叢書 41

「ことばの力」を育む国語科教材開発と授業構築

―変革期に問う教材と授業のかたち―

李　軍　編著

学文社

まえがき

二〇二二年度から高等学校国語科新必履修科目「現代の国語」と「言語文化」の授業がスタートした。先日、とある「現代の国語」の授業で、夏目漱石の『夢十夜』（第一夜）の指導が行われた。原則として説明文や評論文、新聞記事、企画書、法令、契約書など「論理的・実用的な文章」のみ扱う「現代の国語」だが、この授業で使用した教科書は小説五作品も載せたものであった。ただし、小説は「読む」教材ではなく、「書く」教材として位置づけられ、『夢十夜』も「文章の構成や展開の仕方を道筋立てて論理的に分析・解釈することで、論理的思考力を伸ばし、理解した事柄を効果的に表現する」という単元に盛り込まれている。このような位置づけの小説をどう捉え、目標達成のためにどう扱うべきか戸惑った授業者は、「本文中の語句から論理的に主題を組み立てよう」と指示を出したところ、「信じていれば、必ず夢がかなう」「待ち続けていれば、いつか報われる」という答えが返ってきた。その時に、一年前に見た別の授業風景が脳裏をよぎった。

それは、中学校一年生の『オツベルと象』（宮沢賢治）の授業だった。この授業の最後に「作品における作者の意図について自分の考えを論理的に書こう」という課題が出されたが、「悪いことをした人には悪いことが起き、良いことをした人には良いことが起こる。それが作者の伝えたいことだと思った」と生徒が回答したのである。

この二つの事例における生徒の反応に共通点がある。国語科授業で文学教材を学ぶ時は、作品中の「ことば」を見つめ、「ことば」通りでない意味を読み取り、想像しながら作品の世界を味わうことが基本的な姿勢である。しかし、右記の生徒たちは「ことば」を透明なガラスのごとく、まったく見ていなかったのである。問題はどこにあるのだろうか。もし「論理的」という曖昧な指示によって、このような結果を招いてしまったとしたら、たいへん深刻な問題であると言わざるを得ない。

『高等学校学習指導要領（平成三〇年告示）解説　国語編』には、「論理的」という文言が一四五回も登場しており、この用語の定義や捉え方、授業での具体化など、多方面から注目を集めている。高等学校国語科新科目のうち、例えば「言語文化」「古典探究」といった古文・漢文を扱う科目では、どのように「論理的思考力」を育成したらいいのか、教育現場から早くも戸惑いや疑問の声が上がっている。そもそも学ぶ意義が分からず古典嫌いの生徒が多いなか、彼らを古典に目を向けさせ、学習意欲を向上させるためにはどう工夫すればいいかという問題を、まず考えなくてはならない。これは古くて新しい課題である。

学習意欲の問題は古典学習に限らず、学習全体において年々深刻化している。二〇二二年四月に公表された東大社会科学研究所とベネッセ教育総合研究所による調査結果では、小四から高三までの約一万人のうち、五割強の生徒が「勉強しようという気持ちがわかない」と回答し、とりわけ高校生の割合は六一・三パーセントで、過去最高となったという。学習意欲低下の背後には、インターネットの長時間利用や、コロナ禍によるさまざまな制限、学校生活の変貌、オンライン授業による孤立などの要因があると考えられる。しかし、「勉強しようという気持ちがわかない」一番の理由は、授業や教材がおもしろくない、学んで何に役立つか分からないからなのではなかろうか。

「論理的思考」を支えるのは「ことばの力」である。「ことばの力」は、「疑問→思考→探究→発見→帰納→活用→思考→疑問」という学習回路の中で育まれる。この学習回路を起動させ、スムーズに循環させる原動力は、興味・関心にほかならない。そして、興味・関心を喚起できるかどうかは、学習者の実態把握とともに、教材研究、教材開発と授業づくりがその鍵を握っている。本書はこのような問題意識のもとで編まれたものである。

第一章では、漢字の諸要素と語種の関係を分析するとともに、創作漢字・創作四字熟語という現象の本質を見抜き、漢字や漢語に内包されている言語文化の源流と、それによって育まれてきた日本語の特質を再発見する授業構想を提案する。

第二章では、新科目「古典探究」の指導目標と問題点を明らかにしたうえで、『源氏物語』以後の物語の一つである『狭衣物語』の関連資料を教材化し、古典に対する学習意欲の向上を図りつつ、生徒の「気付き」を重視する授業構想を提案する。

第三章では、「言語文化」と「古典探究」の科目特性や教材の特徴を踏まえ、「日本漢文」の採録状況や内容の扱い方の傾向を分析するとともに、日本漢詩の指導に寄与する資料を教材化し、複数の資料を読み比べることで古典の主体的な探究学習を目指す授業構想を提案する。

第四章では、和歌と漢詩を読み比べ「かげ・影・陰」のルーツを探りながら、和語と漢字の融合によって生じた言葉の意味的変化に着目することで、古語と現代語のつながりや脈々と受け継がれてきた言語文化への理解を深める授業構想を提案する。

第五章では、国語科に対する学習者の興味・関心を喚起し、楽しく力のつく授業を創造することを教材開発と授業開発の最大の方略として、「話すこと・聞くこと」「書くこと」「読むこと」の領域ごとの教材開発や授業開発、授業実践を紹介する。

本書で開発した教材と授業構想の数々は一つの答えではなく、問いかけである。変革期における教材開発と授業構築のあり方に少しでもヒントになればと願っている。

李　軍

目次

第一章

創作漢字・創作四字熟語による日本語特質の再発見
――漢字の諸要素と語彙をつなげて「言語文化」を俯瞰する――

李　軍

一、はじめに

小学校や中学校の国語科教科書には、漢字や語彙の基礎知識が学年ごとに段階的に盛り込まれている。例えば、小学校の教科書（光村図書、二〇二〇）には漢字の音と訓、漢字の意味、成り立ち、漢字の組み立て、同じ読み方の漢字（同音異字・同訓異字）、和語・漢語・外来語、熟語の成り立ちに関する内容がある。中学校の教科書（同前、二〇二一）では、小学校で学んだ漢字と語彙の知識を踏まえ、より詳細な解説が示されているが、漢字と語彙の諸要素を段階的分散的に指導するスタイルは小学校と同様である。「しじょう」は「市場」の漢字音の組み合わせで、「いちば」はその字訓による読み方ということは知っていても、なぜ二通りの言い方が共存し、どのように使い分けられ、どうしてそのような違いがあるのかを説明できる学習者はどのくらいいるだろうか。そして、「市場・史上・至上・紙上・誌上・詩情・私情・試乗…」のように、日本語における同音異義語の多用についても疑問に思う人はそう多くないであろう。漢字の諸要素（字音・字訓・字義）と語種（和語・漢語・混種語）は切っても切れない密接な関係にある。段階的分散的に漢字と語彙を指導するだけでは、木を見て森を見ずのごとく、その関係性が見えにくい。漢字と語彙の関係性が見えにくい状態では、日本の言語文化や日本語の特質を俯瞰的統合的に理解することが難しくなる。

漢字と語彙指導は、高等学校段階になると、漢字テストや新出語彙の意味理解のみになりがちである。小学校・中学校で学んだ関連知識が点在したままで、古文・漢文の指導に入っていくことがほとんどである。

二〇二二年度から高等学校国語科新必履修科目「言語文化」の授業が開始された。『高等学校学習指導要領（平成三〇年告示）解説　国語編』では、言語文化の定義や言語文化における特徴的な語句、その特徴的な語句の文化的背景への理解について、次のように解説している。

　言語文化とは、我が国の歴史の中で創造され、継承されてきた文化的に高い価値をもつ言語そのもの、つまり、文化としての言語、また、それらを実際の生活で使用することによって形成されてきた文化的な言語生活、さらには、古代から現代までの各時代にわたって、表現し、受容されてきた多様な言語芸術や芸能などを広く指す。（中略）特徴的な語句とは、外国の言語文化ではなく、我が国の言語文化の中で磨かれてきた、独特の文化的背景を有する語句のことである。それらの文化的背景について理解を深めるとは、そのような語句の意味や用法を単に理解するだけではなく、それらの語句が背景としてもつ文化的な事柄や価値に対する理解を深めることを指す。(1)

言語文化が時代を超えて創造、形成、継承されてきた言葉そのものであるならば、古典の言葉と現代の言葉とのつながりを意識し、その理解を深めることが重要である。この問題を議論する時に、「矛盾」「完璧」といった今日も使われている故事成語がよく取り上げられるが、より広い視野で、今日の言語生活に内包されている日本独自の文化的背景や文化的継承を見つめ、既習した漢字と語彙の知識を関連づけながら一続きの言語文化の特質にアプローチする必要がある。創作漢字と創作四字熟語は、このような問題意識のもとで開発した教材である。

本章では、まず、漢字の諸要素と語種の関係を整理しながら日本語の生成、発展、語彙拡充の文化的歴史的背景を俯瞰的に捉える。次に、創作漢字と創作四字熟語の特徴を分析し、いまに息づく言語文化や脈々と受け継がれてきた日本語の特質を再確認する。最後に、これらの内容を盛り込んだ授業構想を提案する。

二、字音・字音語（漢語）・同音異義語から見る日本語の特質

まず、漢字の字音と字音語の関係について見てみよう。「キジュン」「シアン」「ジテン」と聞くと、どのような言葉を思い浮かべるであろうか。それぞれ二通り以上の漢字が想起されるため、使用漢字を確認するまでは判断が難しい。あるいは、誤解や混乱を避けるために、最初から「モトジュン（基準）」「ノリジュン（規準）」「ワタクシノシアン（私案）」「ココロミノシアン（試案）」「オモイノシアン（思案）」「モジテン（字典）」「コトバテン（辞典）」「コトテン（事典）」のように言い換えておくことで、文字を見なくても意味が了解される。これらの例は、すべて漢字音の組み合わせによってできた語で、字音語である。字音語には、中国由来の漢語や和製漢語が含まれる。右の字音語を区別するために用いた「モト・ノリ・ワタクシ…」といった和語は、漢字の訓読み（字訓）である。では、最初から字音ではなく、字訓（和語）で熟語をつくれば混乱を避けることができたのに、なぜそうしなかったのか。そして、こんなに紛らわしくて不便なのに、なぜ同音異義語が数多くつくられてしまったのか。

漢字は、紀元前後より中国から日本に伝来した。元々漢民族の言葉＝漢語（以下、中国語）を書き表すためにつくられた文字が、数百年の間に日本語を書き表す文字（平仮名と片仮名を含む）に変貌を遂げていった。漢字の日

本語化過程においては多くの創意工夫が施されたが、その最たるものは漢字の音読み（字音）と訓読み（字訓）の創出であると言える。

音読みは、漢字の中国語発音を日本風に定着させたものである。漢字は、本来それぞれ固有の音と、その音が表す意味とを持ち、一字一音節で一語を表す「表語文字」である。同じ漢字であっても、字音が変われば、字義も変わる。例えば、「確率」の「率《りつ》」は「わりあい」の意であるが、「引率」の「率《そつ》」は「全体をまとめてひきいる」の意になる。一方、日本語における漢字の音読みは、一般的に字義とは無関係で、字音のみを表す。

「常用漢字表」（二〇一〇）には、「愛」「案」「意」「央」「科」「介」「界」「漢」「感」「希」「奇」「季」「紀」「揮」「義」「禁」「校」「師」「資」「祉」「誌」「信」「仁」「準」「税」「宣」「践」「燥」「属」「題」「談」「段」「忠」「駐」「徳」「念」「能」「農」「派」「倍」「班」「郵」「礼」など字音しか持たない、いわゆる「字音専用字」が数多くある。字音専用字は、「愛する」「案じる」「科する」「介する」「感じる」「禁ずる」「資する」「信じる」「準ずる」といった動詞形以外は、単独で使用されることはほとんどなく、字音語（漢語）のみに用いられている。

字音専用字はなぜ多いのか。それは、漢字や漢語が日本に入ってきた時、それに対応する事物や概念がまだ生じておらず、漢字や漢語を字音のままに定着させるしかなかったからである。漢字や漢語が日本に入ってきた当時の日本語の状況について、高島俊男（二〇〇二）は次のように述べている。

当時の日本語はまだ幼稚な段階にあった。たとえば、具体的なものをさすことばはあったが、抽象的なものをさすことばはまだほとんどなかった。個別のものをさすことばはあったが、概括することばはなかった。

それはこういうことだ。「雨」とか「雪」とか「風」とか、あるいは「あつい」とか「さむい」とかの、目に見え体で感じるものをさす、あるいは身体的な感覚をあらわすことばはある。しかし「天候」とか「気象」とかの、それらを概括する抽象的なことばはない。われわれはいま「お天気」ということばをごく日常にもちいているが、この「天気」という語も本来の日本語ではない。これも、概括的、抽象的なことばなのである。同様に「春」「夏」「秋」「冬」はある。しかしそれらを抽象した「季節」はない。

あるいは目に見える「そら」はある。しかし万物を主宰し、運行せしめ、個人と集団の運命をさだめる抽象的な「天」はない。いやこの「天」ともなると、単に抽象的というにとどまらず、この観念を生んだ種族の思想――すなわちものの考えかた、世界と人間とのとらえかた――を濃厚にふくんでいる。

概念があるからことばがある。逆に言えば、ことばがないということは概念がないということである。[2]

ここに例示された字音語「天候」「気象」「天気」「季節」「天」のほかに、右の引用文にあった「日本語」「幼稚」「段階」「具体」「抽象」「個別」「概括」「身体」「感覚」「万物」「主宰」「運行」「個人」「集団」「運命」「観念」「種族」「思想」「世界」「人間」「濃厚」「概念」もみな抽象的な意味を持つ字音語である。高島は、日本語はみずからのなかにまだ概括的な語や抽象的なものを指す語を持つに至っていない段階に、漢字を受容した故に、日本語の発達がとまってしまった、と嘆いている。そして、字音語が多く用いられたことで、日本語は文字が言語の実体となり、耳が捉えた音声をいずれかの文字に結びつけないと意味が確定しないことを踏まえ、世界数千種の言語のほとんどは音声が実体であるのに対し、日本語は「顚倒した言語」であると指摘した。[3]日本における漢字受容の功罪についての議論はここでは割愛するが、漢字や漢語の一部を字音のままに定着させねばならぬ理由は右に述べた通りである。

字音語が多いだけではない。本節の冒頭で言及したように、同音の字音語（同音異義語）も数多く存在している。ここでは、同音異義語がどのようにつくられ、なぜ多いのかについて検討する。

同音異義語が大量に創出されたのは、明治維新以降と言われている。江戸時代の末まで、漢字・漢文の素養がある階級は隔絶しており、漢字の用法もほぼ安定していた。しかし、明治維新以降、日本人は西洋のありとあらゆるものや概念をいち早く導入しようとして、西洋語の日本語化に余念がなかった。その時、西洋語の受容に有効な手段となったのが漢字による翻訳語であった。当時の漢字訳語の創出には、「社会」「共和」「関係」のように中国の在来語に新たな意味を加えたものと、「科学」「客観」「抽象」のように日本人が案出した新語（和製漢語）、という二つの類型が見られる。(4) 新語の量産過程では、字音より字義による意味伝達の機能が優先された結果、「科学・化学」「工業・鉱業・鋼業」「製糸・製紙」「全文・前文」「想像・創造」「電線・伝染」「私立・市立」といった同音異義語が多く生み出された。むろん、翻訳語以外にも同音異義語がたくさんある。もっとも、日本語の音韻体系が中国語に比べて非常に単純であるがために、漢字の日本語化過程では、元の中国語の発音をかなり単純化しねばならなかった。右に挙げた同音異義語は中国語音で読むと同音にならないが、日本語の字音で読むと同音になってしまう理由はそこにある。また、日本語の音韻体系も時代とともに変化してきた。現在、一般的に使われている漢字の字音は、中国語から日本語へという段階と、平安時代の日本語から現代の日本語へという段階の二度にわたって単純化されているので、同音になる確率が高いのである。(5)

鈴木孝夫（二〇一七）は、フランスやアメリカなど音声言語を使用する国や地域に見られる「同音衝突」という現象を紹介している。同音衝突とは、フランスのジュール・ジリエロンによって創始された言語地理学が明らかにした、言語変化の重要な仕組みの一つで、「同一の思考範疇に属するが、一応それぞれ別々の意味を表わす二つの異形の語が、音声変化のために同じ形態（音形）になりそうになると、そうなった場合の言葉の混乱を無意識に避けようとして、どちらか一方の語がはじき出されて、用いられなくなってしまう」(6) という現象を指す。鈴木は、日本語では「同音衝突」を苦にしないどころか、むしろ同音語を積極的につくり出す傾向があるとして、「辞典と事典」「寒冒と感冒」「入場料と入城料」「遊園地と遊園池」を例示しながら、この現象を生み出す理由について次のように分析している。

このような造語法に一貫して見られる原理は、二つの概念の関連性を示すために、まず同一の音形を使い、つぎにその差異を表わすために異なった表記（文字）を使用していることである。つまり似て非なるものを、言語の音声と表記という二重の構造に巧みに反映させている。だからこそ私たちは、このような新しく造られた同音語に対して「言い得て妙」の感じを一般に持つのである。そこで冗談めいた表現、しゃれ、皮肉といった言葉のあそびにこれが多く用いられるのも当然であろう[7]。

鈴木が分析したように、日本における同音語の多用、あるいは同音語への愛着は、音声と文字という二重構造があったからこそ成立するのである。同音語活用の源は、万葉集や古今和歌集の時代に遡る。漢字の音訓を借りて和語を表記した万葉仮名は日本の当て字文化の礎を築き、古今和歌集に見られる掛詞は、同音異義語によって重層的で奥行きのある表現を可能にした。現代においても、「キシャノキシャハキシャデキシャ（貴社の記者は汽車で帰社）」「フトンガフットンダ（布団が吹っ飛んだ）」「コウヨウヲミニイコウヨ（紅葉を見に行こうよ）」のような言葉遊びや、「句感日本（ＪＴＢ）」「夢よ、もう一階（積水ハウス）」「温泉がいい値！（ＪＲ東日本）」のような広告、「けいざい神話／けいざい真話／けいざい親話／けいざい深話／けいざい新話（朝日新聞）」「耕論（朝日新聞）」のような新聞のコラム名など[8]、さまざまな場面で同音異義語や当て字が活用されている。同音異義語を好んで表現に生かす営為は、同音語増加の一要因と考えられる。

鈴木は、日本語の音声と文字の二重構造について、「音声を使って話している時でさえも、使われている漢字語の視覚的な映像を同時に頭の中で追っている」と分析し、日本語を「テレビ型言語」と称している[9]。確かに、「疑われるとはシンガイだ」「世間をシンガイさせた大事件」「著作権シンガイの問題」のような例では、それぞれの文脈があるので、音声を聞くだけでもすぐに「心外」「震駭」「侵害」という言葉が想起され、誤解や混乱はほとんど生じない。しかし、「先生は昨日コウエンに出かけた」を聞くと、「公園」「講演」「公演」「後援」のどちらになるか、人によって想起される言葉は異なるであろう。また、「排外・拝外」「浮動・不動」「偏在・遍在」のような反義語では、字面の確認が必須となる。このように、「テレビ型言語」の日本語は、普段の日常生活では一々文字を確認してコミュニケーションをとる必要はないが、右例のように文脈だけでは判断が難しい場合や、聞き慣れない字音語あるいは新しい字音語（例えば「ヒッキュウエイガ／必泣映画」）に遭遇した場合は、文字という視覚情報に頼らざるを得なくなる。逆に頼れる文字があったからこそ、同音異義語を避けることなく、次々とつくられていったのかもしれない。

日本語の中で、和語と漢語（字音語）の割合は概ね八五パーセントを占める。[10] 先述のように、字音語には中国製漢語と和製漢語がある。和製漢語には、明治以降の翻訳語のほか、「①おほね→大根」「②かへりごと→返事」「③ものさわがし→物騒」「④腹が立つ→立腹」「⑤番に当たる→当番」「⑥念を入れる→入念」などがある。①～③は日本語（和語）の語順に即してつくられた和製漢語で、④～⑥は中国製漢語の造語形式に基づきつくられた和製漢語である。これらの例で示したように、日本人は中国由来の漢語を字音で受容し、それらを日本語として定着させただけでなく、その造語法を用いて日本独自の字音語（和製漢語）をつくり、語彙を拡充していった。

三、字訓と和語、国字と国訓から見る日本語の特質

漢字圏のなかで、日本以外の国では漢字に音読みだけで、訓読みはない。訓読み（字訓）は日本独自の漢字文化の一つで、漢字の意味を日本語（和語）に翻訳して生まれたものである。元々系統の異なる中国語の漢字をどのように翻訳し、日本語化していったのか。その方法は、以下のように三種に大別することができる。

㈠　漢字の字義と和語の意味が一致する場合は、「月／つき」「海／うみ」「春／はる」「人／ひと」のように一対

一で対応した。

㈡　漢字の字義と和語の意味表示範囲が一致しない場合は、「一字多訓」や「異字同訓（同訓異字）」で両者のずれを補整した。「生／いきる・いかす・いける・うまれる・うむ・おう・き・なま・はえる・はやす」は一字多訓の例で、和語より漢字の意味表示範囲が広い。一方、同訓異字は、和語の意味表示範囲が広く、漢字によって意味細分化がなされた。例えば、「はかる／図る・測る・量る・計る・諮る・謀る」「あう／会う・合う・遇う・遭う」。白川静（二〇〇五）は、一字多訓と同訓異字の役割について「国語は漢字の多義性を通じて語義を拡大し、また多数の同訓異字をもつことによって、その字義を自己に収斂する[11]」と述べている。日本語の語彙拡充や意味細分化の過程においては、一字多訓と同訓異字が大きな力を発揮してきた。同訓異字の特徴については、第四章第二節にも説明しているので、併せて参照していただきたい。

㈢　漢字に対応できる和語がない場合は、日本独自の解釈で字訓がつくられた。このような字訓を国訓という。国訓は、漢字本来の意味と一致しなかったり、説明的で長くなったりするものが少なくない。例えば、「森」は、中国語では「樹木の茂るさま、樹木の多いさま」を表す形容詞で、単独で使用することはなく、「森林」という熟語で「もり」の意を表す。日本では、この漢字の字形から「樹木が群がり生えているところ」と解釈され、「もり」という国訓がつくられた。また、「つばき」は日本自生の春の木で、「椿」という国字で表記されるが、この漢字は中国にも見られる。ただし、中国語の「椿」は「チン」と読み、「香椿《チャンチン》」という落葉高木を指したり、太古にあった霊木を表したりして、「つばき」とは別物である。「榎」「柊」も中国の漢字であるが、その字訓「えのき」「ひいらぎ」は日本でつくられた国訓である。「釂《ショウ》」という漢字は「杯に入った酒を少しずつ飲み尽くす」ことを表すから、「のみほす」と「さかずきのさけをつくす」という二つの字訓がある。前者は短くて使いやすいが、この漢字の意味としては不十分なところがある。後者は説明的で長いが、意味としてはよりふさわしい[12]。漢字の意味を忠実に表そうとして字訓が長くなる例はほかにもある。例えば、「承《うけたまわ》る」「詔《みことのり》」「志《こころざし》」「政《まつりごと》」「寿《いのちながし》」。

以上、訓読みの視点から漢字の日本語化について見てきた。次に和製漢字（国字）とその造字法について考える。中国語では、例えば「粉」「紛」「扮」「雰」「芬」「忿」のように表音部分（音符）と表意部分（意符）からなる形声文字がおおよそ漢字の八割から九割を占めている。形声文字が量産されたのは、音符に意符としての部首を付加することで漢字の意味や用途を細分化し、かつ表音文字を持たない中国語では、漢字に対して字音の表示が要請されたからである。一方、日本でつくられた国字は、「鱈」「凪」「凩」「凧」「峠」「俤」のように字音より字義を重んずる傾向がある。これらの国字は、二つの漢字を組み合わせ、その意味を合成するという会意的な造字法でつくられたもので、会意文字である。中国では形声文字が量産されるのに対して、日本では会意文字が好まれる。

国字の中に、「椛《もみじ》」「糀《こうじ》」「硴《かき》」「埖《ごみ》」「䛈《やさしい》」「錵《にえ》」のようなものもある。これらの語は、それぞれ「紅葉」「麹」「牡蠣」「ごみ／ゴミ」「優しい」「沸《に》え」と書けば事足りるのに、なぜ改めて右のような国字をつくったのであろうか。「もみじ」を「木に咲く花」、「麹」を「米の花」、「牡蠣」を「石の花」、「ゴミ」ですら「土の花」に見立てて新たに国字をつくったのは、言葉の意味を表すという実用的な理由ではなく、国字の字面を通してある情景や雰囲気を伝えるという表現上の理由があったからであろう。「さかずき（さかづき）」は「盃」や「杯」でよいのだが、「酒月」と当てることで、イメージが重層化し、杯の中で、酒に月が浮かんでいる情景が想像される。[13] このような「見立て」の技法は、古くから和歌や俳諧、日本庭園などに用いられてきたが、国字や当て字にも応用されているのである。

国字の会意的な造字法や「見立て」の手法は今も脈々と受け継がれている。次節で取り上げる「創作漢字」からは、その特徴を見ることができる。

四、創作漢字から見る日本語の特質と教材開発

日本では、漢字一字で表現する独自の文化がある。笹原宏之（二〇一四）は、漢字一字を好む理由とその背景について、次のように述べている。

日本人に、「好きな漢字は？」と尋ねると、たいていすぐに答えが返ってくる。「愛」「誠」「道」などが上位に来る。

正月には、今年の目標を決めて毛筆で書き初めをして、壁に貼って示すことで決意を固める一種の儀式も残っている。そこでも、漢字一字や四字熟語などが選ばれることが多い。凝縮された意味と、四角い字から漂うきちんとしていて力強く感じられるイメージが好まれているのだろう。

年末には、複雑な一年間の世相を、「金」「絆」「毒」「輪」などたった一字の漢字で表現する「今年の漢字」が、日本漢字能力検定協会を通じて選ばれ、風物詩のように報道されるようになった。（中略）

このように日本人は、漢字をキーワードのようにして大切に扱う傾向があるのだが、それは表音文字であるひらがな、カタカナも併用しているために、比較対象を日常の中で得ていることが大きい。漢字は、ただの文字ではなく、永い歴史の中で培われた「意味」をもっているという意識が醸成されている。その「意味」は、漢字の古代の本義から、日本の歴史上で使われた字義、そしてニュアンスまでを含んだものである。(14)

漢字一字は、その漢字が持つ固有の意味と日本で引き延ばされた時代的流動的な意味、そして漢字の構成パーツやその組み合わせによって連想される情景、感じ取られる雰囲気（個人的感覚的な意味）など、何層もの意味を内包している。漢字一字で「今年の目標」や「一年間の世相」を表現するのは、漢字の重層的な意味の凝縮と伸長、

一字を起点としてイメージを膨らませることができるからであろう。漢字一字で表現するという日本独自の文化は、既存の漢字にとどまらず、近年の創作漢字コンテストにおいても花を咲かせている。

産経新聞社と立命館大学白川静記念東洋文字文化研究所は、二〇一〇年より「創作漢字コンテスト」を開催し、毎年二五の入選作品を公開している。ホームページでは、その開催概要について「現代日本の世相や生活、将来へ夢膨らむ漢字一字を創作してください。漢字には、その訓読みと漢字の意味・解説・例文を必ず付記してください。創作漢字の形のほか読みや漢字の意味・解説・例文などを総合的に審査します。（音読みはあってもなくてもかまいません）」と記されている。

また、福島県喜多方市では、二〇一一年から喜多方を漢字の町にしようという市民の取り組み「漢字のまち喜多方」が始まり、年に数回「創作漢字コンテスト」を開催している。そのホームページには、「創作漢字のつくり方」について「はじめに、読み方（または、テーマ）を決めます。次に、その読み方（または、テーマ）を連想させる漢字を思いつくだけ書き出してみます。書き出した漢字のへんやつくりを組合わせます。最後にその意味を書いて出来上がりです。」と説明されている。

では、どのような漢字が創作されているのか。以下、この二つの「創作漢字コンテスト」の受賞作品から教材として一〇字を選び、それぞれの特徴について分析する。なお、創作漢字の①～⑥、⑧、⑩は産経新聞社・立命館大学合同開催の創作漢字コンテストの受賞作品（以下、産経創作漢字と称す）で、⑦、⑨は喜多方市開催の創作漢字コンテストの受賞作品（以下、喜多方創作漢字と称す）である。また、公開された情報に基づき、産経創作漢字には漢字の音・訓（意味）・読み、喜多方創作漢字には漢字の読み・意味を創作漢字の後に付す。

〔資料1〕

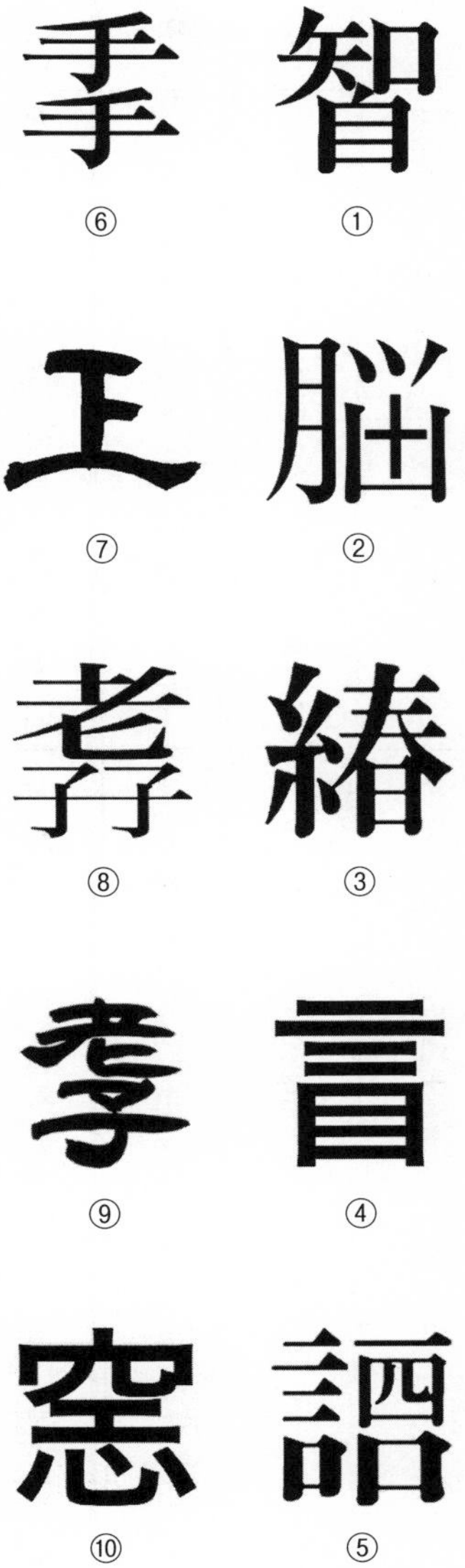

①【音】チ　【訓（意味）】わきまえる、そだつ、まなぶ　………（第1回）

②【音】ノウ　【訓（意味）】プラスしこう　………（第5回）

③【音】シュン　【訓（意味）】はじまる、はじめ　………（第2回）

④【読み】めはくちほどにものをいう　………（第12回）

⑤【音】ツイッター　【訓（意味）】つぶやく　………（第2回）

⑥【音】ジョウズ（上手）ヘタ（下手）　【訓（意味）】まじる　【意味】玉石混交、巧拙　………（第4回）

⑦【読み】エ～と　【意味】世の中上向きか下向きかわからない。何かが欠けて正しくない。　………（第1回）

⑧【音】コウ　【訓（意味）】いたわる、ささえる　………（第1回）

⑨【読み】こうれいか　【意味】少ない子供で老人を支えていかなければいけない。　………（第48回）

⑩【音】クウ　【訓（意味）】うわのそら（上の空）　………（第10回）

①〜④は既存の漢字の一部をほかの文字に置き換えてつくられたものである。①には「自分を見つめ、自分をよく知ることが、育ち、学ぶことにつながる」というメッセージが託されている。この漢字は、本当の「智慧」は自分のことをよく理解することなのだという意味を含んでおり、「智」の字形を借りただけでなく、「智」の意味とも重なっている。②は「脳」を「思考」と捉え、「脳」の「×（間違い・マイナス）」の部分を「＋（プラス）」に変えることで、「プラス思考」を表現している。③は「終」をアレンジした漢字である。「終」の「冬」を「春」に置き換えて、「始まる、はじめ」の意を表している。④は「言」の「口」を「目」にして、「目」「言う」の二字を合体させることで、「目は口ほどにものを言う」という慣用句を表現している。ちなみに、第一二回の受賞作品の中には、「音」の「日」を「目」に変えて「手話」の意を表す創作漢字もあり、「口」で「音」を発するのでなく、「目（視覚情報）」で「音（言葉）」の世界を広げるという発想でつくられている。⑤は一四〇字以内で言葉を伝える「ツイッター、つぶやく」を表す創作漢字である。「ツイッター」は、不特定多数の人に向けてごく短い文を発信したり受信したりするツールで、その短文のことを「つぶやき」という。創作者は「言」と二つの「口」を入れることで、音声を伴う「つぶやき」を表現したかったのかもしれない。

⑥〜⑩は、すべて上下構造によって意味を構築している。⑥は二つの「手」を上下に配置し、「上手・下手」と読ませ、「上手」と「下手」が「混じる」ことで、「玉石混交、巧拙」の意を表している。⑦は、上向きの「上」と下向きの「下」を合体させ、「どちらに向くか分からない」意を「エ〜と（読み）」で表現し、字体にも「エ」「ト」を組み込ませている。また、「上」と「下」の組み合わせで一部欠けた「正」をつくり、「何かが欠けて正しくない」の意も持たせている。⑧⑨は同じく「老」と「子」の組み合わせであるが、⑧の字音「コウ」から「孝」

が想起され、二人の「子」で「老」人を「いたわる、ささえる」。一方、⑨は字形から見ると、「孝」に見えるが、一人の「子」が「老」人を支えなければならないため、「支えるのが難しい、高齢化」の意につながる。⑩は「空」が「上」にあることがポイントだが、この漢字の輪郭は「窓」に似ていることから、「窓際でぼんやりと空を見上げて、心が浮ついている」というイメージが連想される。⑧⑨の「老」と「子」や、⑩の上にある「空」や「窓」に似た字形は一種の「見立て」と言える。

以上、①〜⑩の創作漢字を分析した。これらの漢字からは、以下のような特徴が見て取れる。

㈠　会意的な造字法の多用と字音の無用

①〜⑩はすべて意味と意味の組み合わせ、すなわち会意的な造字法によって創作されたものである。会意的な造字法では、漢字の字義が優先され、字音は無視されることが多い。例えば、①「チ」、②「ノウ」、③「シュン」、⑩「クウ」という字音は、意味との関連性が見えず、なくても支障をきたさない存在である。⑤「ツイッター」、⑥「ジョウズ（上手）・ヘタ（下手）」は通常の字音とは性質が異なるので、議論の対象外である。

㈡　字訓と文字の組み合わせによる立体的重層的な表現

第二節で述べたように、「テレビ型言語」と称された日本語は、音声と視覚情報（文字）の二重構造があったからこそ成り立つ。①〜⑩においても、視覚情報の文字と、その文字の意味（字訓・読み）を有機的に結合させたことで、重層的で奥行きのある表現を創出できたのである。

㈢　部分部品交換や見立ての活用

①②③④⑩は、既存の漢字の一部をほかの文字に置き換えることで、新たな意味を創出し、⑥⑦⑧⑨は、文字を上下に並べること自体を一つの意味として捉え、漢字の配置から連想する言葉で複数の意味を構築している。⑧⑨⑩では「見立て」の手法が見られる。

ここでは、創作漢字を一〇字しか取り上げていないため、一概には言えないが、産経創作漢字と喜多方創作漢字を約六〇〇字調べたところ、九割以上の漢字は上記のような特徴が見て取れた。残りの一割は、漢字の字体をアートのように変形させたり、アルファベットや平仮名・カタカナを漢字風にアレンジしたりするようなものである。そして、約六〇〇の創作漢字に共通して見られたのは、文字という視覚情報を重視する姿勢であった。

いうまでもなく、漢字の音訓・字形・字義が漢字を構成する上で欠かせない要素で、それぞれ役割を果たしている。会意的な造字法によってつくられた国字や創作漢字では、字音がほとんど役割を果たしていないが、第二節で紹介した字音語では、字音の役割が大きい。次節では、創作四字熟語を通して字音の役割を再確認しよう。

五、創作四字熟語から見る日本語の特質と教材開発

創作四字熟語を分析する前に、まず四字熟語の由来と日本における四字熟語の文化について触れておきたい。四字熟語は、漢字四字が結びついて、特有の意味を表す。四字熟語には、「春夏秋冬」「喜怒哀楽」のように四つの漢字が対等の関係にあるものや、「古今東西」「老若男女」のように対義の二字からなる語を二つ重ねたもの、「博学多識」「曖昧模糊」のように意味の似た二字熟語を重ねたもの、「外柔内剛」「質疑応答」のように意味が対になる二字熟語を重ねたもの、「旧態依然」「大器晩成」のように上の二字が下の二字にかかるもの、「一朝一夕」「半信半疑」「右往左往」のように同じ漢字の前後に対義語を用いたものなど、さまざまな類型で構成されている。多様な類型で構成されているが、これらの例で示したように、基本的に「二字熟語＋二字熟語」となっている。

中国語には二字熟語が多い。これは、中国語の発音上の特徴に起因すると考えられる。第二節で述べた通り、中国語は一字一音節で一語を表す。一音節で発音される短い音は、響きの上で物足りなく、落ち着かない弱点がある。

その弱点を補うために、漢字二文字を組み合わせて発音の上でまとまりを持たせて、一つの言葉として使うことが多くある。例えば、「椅子」「帽子」「餃子」の「子」は二音節にするためにつけた「おまけ」で、具体的な意味を持っていない。このように、二字熟語は実質上、中国語の最小限の意味のまとまりとして機能することが多く、この二字熟語から四字熟語に発展していったと考えられる。四字熟語の歴史は紀元前に遡る。円満字二郎（二〇一八）は、中国における四文字スタイルの歴史と日本への影響について、次のように述べている。

紀元前六世紀ごろまでの詩を集めた中国現存最古の詩集、『詩経』に収められた詩は、漢字四文字を一句とするのが基本となっています。また、紀元後の五～六世紀ごろを中心に盛んに書かれた、「四六駢儷体」と呼ばれるスタイルの美文では、四文字の語句と六文字の語句がその基本的な構成要素となっています。

（中略）

「四六駢儷体」の文章が中国で流行した時期は、ちょうど、日本人が漢字を積極的に使い始めた時期に当たっており、日本でも平安時代には、このスタイルの文章が盛んに作られました。[15]

円満字は、『詩経』や「四六駢儷体」だけでなく、日本における四字熟語の受容と定着過程では、八世紀に中国で書かれた『蒙求』や六世紀に書かれた『千字文』からも大いなる影響を受けたと述べている。『蒙求』は漢字四文字で一つの内容を表現し、『千字文』は、漢字四文字の句二五〇を、一文字も重複することなく、異なる一〇〇〇の漢字で書き綴っている。これらの書物は、教育の場で多く用いられていたため、日本人は、漢詩漢文を学ぶとともに、四字熟語のスタイルを習得し、やがて自ら四字熟語をつくるようになっていった。「一期一会」「我田引水」「天地無用」「手前味噌」「晴耕雨読」「威風堂々」「和魂漢才」「和魂洋才」は和製四字熟語である。

四字熟語には、「朝三暮四」「沈魚落雁」「瓜田李下」「夜郎自大」「杯中蛇影」「竜頭蛇尾」「疑心暗鬼」「四面楚歌」のように中国の古典に由来し、人生の教訓や知恵、処世訓を表すものが多い。漢字四文字に奥行きのある深い意味が凝縮され、簡潔かつ口調がよい。中国古典由来の四字熟語は格調が高く少し堅苦しいイメージがあるので、日常生活で登場する場面はあまり多くない。一方、「自由自在」「絶体絶命」「天真爛漫」「切磋琢磨」「無味乾燥」「中途半端」「創意工夫」「正真正銘」のようにある状況や様子を反復表現で強調したり、「千載一遇」「猪突猛進」「粉骨砕身」「牛飲馬食」「狂喜乱舞」「一日千秋」のように誇張的比喩的な表現で生き生きと様子を伝えたりするような四字熟語も多く、日常生活でよく使用されている。

中国由来の四字熟語や二字熟語はみな字音語である。つまり、字音は二字以上の漢字熟語の読みとしてその役割を果たしている。日本でつくられた四字熟語は、「青息吐息」「海千山千」「白河夜船」のように訓読みによるものもあるが、「一所懸命／一生懸命」「一切合切」「一期一会」「一汁一菜」「興味津々」のように、字音で読むのが一般的である。

第二節では、古代における万葉仮名を契機とした当て字文化の生成、発展、和歌における掛詞の表現技法、明治期につくられた同音の漢字翻訳語、現代における同音語による広告表現や言葉遊びについて述べた。これらの要素や表現手法をふんだんに活用したのが、創作四字熟語である。

「創作四字熟語」は、住友生命保険相互会社が一九九〇年より毎年開催しているイベントである。その年の世相を表す創作四字熟語を一般から募集し、年末に入選作品（五〇編）を公開している。募集作品のジャンルは「政治・経済」「社会」「国際情勢」「文化・スポーツ」「流行・芸能」など多岐にわたっている。

以下、創作四字熟語を取り上げて、その特徴を分析する。なお、創作の元となる四字熟語（原語）を付しておく。

〔資料2〕

【希少価値】

⑪ 希《き》鳥《ちょう》価《か》値《ち》（絶滅の危機にあったトキの赤ちゃんが産まれた。／一九九九年）

⑫ 気《き》象《しょう》価《か》値《ち》（ノーベル物理学賞に真鍋先生が選出された。気象学での受賞は初。／二〇二一年）

【以心伝心】

⑬ 移《い》神《しん》殿《でん》新《しん》（二〇年ぶりの伊勢神宮式年遷宮と、六〇年ぶりの出雲大社平成の大遷宮。／二〇一三年）

⑭ 医《い》心《しん》献《けん》身《しん》（患者を救うため奮闘する医療従事者の姿。／二〇二〇年）

【創意工夫】

⑮ 巣《そう》居《い》工《く》夫《ふう》（新型コロナを乗り切るために巣ごもり生活の工夫がなされた。／二〇二〇年）

⑯ 創《そう》意《い》口《く》布《ふ》（様々なマスクを自作する人も増えた。／二〇二〇年）

【相思相愛】

⑰ 走《そう》師《し》走《そう》愛《あい》（シドニー五輪マラソン金メダリスト、高橋尚子選手は走ることをこよなく愛する人。小出監督と二人で栄光のゴールに入った。／二〇〇〇年）

⑱ 双《そう》子《し》総《そう》愛《あい》（上野動物園に双子のパンダが誕生。みんなから愛されている。／二〇二一年）

【奇想天外】

⑲ 棄《き》想《そう》県《けん》外《がい》（紆余曲折の米軍普天間飛行場移設問題。／二〇一〇年）

⑳ 危《き》草《そう》千《せん》害《がい》（危険ドラッグ、千害あって一利なし。／二〇一四年）

㉑ 棋《き》聡《そう》天《てん》才《さい》（将棋の天才、藤井聡太棋士。／二〇一七年）

【百花繚乱】

㉒ 着《ちゃっ》歌《か》繚乱《りょうらん》（街にでるとあちらこちらからケータイの着メロが賑やかに乱れ飛んでくる。／一九九九年）

㉓ 薬《やっ》禍《か》騒乱《そうらん》（クスリの問題が次々と発覚し、大騒ぎになった。／二〇〇九年）

㉔ 舌《ぜっ》禍《か》繚乱《りょうらん》（政治家の失言が入り乱れた。／二〇一一年）

㉕ 雪《せっ》歌《か》繚乱《りょうらん》（映画「アナと雪の女王」が大ヒット。／二〇一四年）

これらの創作四字熟語は、中国の四字熟語と同じく、それぞれに出来事や事件があり、その文脈の上でつくられたものである。各々の言葉の背後にある出来事や事件を知らなければ、いくら創作四字熟語の字面を眺めても理解が難しかろう。創作四字熟語も既存の四字熟語も、字面の意味（表の意味）とその時代背景や出来事（裏の意味）の両方を知ってはじめてその言葉に凝縮された意味を理解できるのである。一方、創作四字熟語ならではの特徴もある。

⑪～㉕で示したように、創作四字熟語は元々あった四字熟語の字音に似せながら違う文字を当て、創作語と原語との響き合いを味わいつつ、原語の音声と創作語の文字を統合して新たな意味の世界を創出している。このような表現が成り立つ所以は「テレビ型言語」にあるが、それ以上に同音語を好み、当て字を積極的に表現に生かすという日本の伝統的な言語文化が時代を超えて今日の創作四字熟語を形づくっているのである。このように、漢字の字音は四字熟語の創作においては、鍵となる重要な役割を果たしている。[16]

第二節では、字音語、同音語から日本語の特質を分析したが、本節では、創作四字熟語を通してその特質を再確認した。次節では、創作漢字と創作四字熟語を用いた授業構想を提案する。

六、創作漢字・創作四字熟語を用いた授業構想

【単　元　名】　創作漢字・創作四字熟語から日本語の特質と言語文化を考えてみよう

【対象学年】　高等学校第一学年

【単元目標】

(1) 創作漢字と創作四字熟語を通して、日本語の由来、特質に対する興味を持つ。

(2) 創作漢字と創作四字熟語を通して、日本語の特質と言語文化に対して問題意識を持つ。

(3) 創作漢字と創作四字熟語を契機に、これまでに学んできた漢字と語彙の知識を関連づけながら、日本語の特質と言語文化の本質を俯瞰的統合的に捉え、日本語の特質と言語文化に対する理解を深める。

(4) 辞書や参考資料などを活用し、古典語と現代語とのつながりを理解し、考えを広げたり深めたりする。

【評価規準】

(1) 創作漢字と創作四字熟語を通して、日本語の由来、特質に対する興味を持っている。

(2) 創作漢字と創作四字熟語を分析し、日本語の特質と言語文化に対して問題意識を持っている。

(3) 既有知識を生かしながら問題を解決し、日本語の特質と言語文化に対する理解を深めることができる。

(4) 辞書や参考資料を活用しながら、時代を超えた一続きの言語文化の中で日本語の特質を捉えることができる。

【単元概要】（三時間配当）

◆第一時

(1) 単元の概要と流れを説明する。

(2)自己紹介用のオリジナル漢字を創作し、発表する。クラス全体でそれぞれの漢字の特徴を分析する。
(3)漢字の諸要素（字音・字訓・字義）と日本語の語種（和語・漢語・外来語・混種語）を復習する。
(4)産経創作漢字と喜多方創作漢字の関連情報を説明し、資料1（本章一三頁・創作漢字①〜⑩、ただし、それぞれの字音・読み・意味は伏せておく）を配布する。個人でそれぞれの創作漢字の読み、意味、創作上の特徴、表現上の工夫について考え、疑問に思ったことを含めてワークシートに記入する。
(5)四、五人のグループをつくる。グループ内でそれぞれの回答を交流し、班ごとの回答や疑問に思ったことをまとめ、クラス全体で発表する。クラス全体で意見を共有しながら、共通の疑問点を整理する。
(6)各班からの回答を踏まえ、創作漢字の読みと意味、創作上の特徴と工夫を解説する。ただし、それぞれの「正解」を知ることが目的ではなく、なぜそのように創作されているかを考察することに指導の重点を置く。
(7)国字（「椛」「糀」「硴」「埖」「誮」「錵」「凪」「凩」「鰯」「鱈」）や国訓（「森《もり》」「椿《つばき》」「榎《えのき》」「政《まつりごと》」「詔《みことのり》」「志《こころざし》」）を例示しながら、国字・国訓の特徴、字訓・字義と和語の関係、形声文字と会意文字の特徴を分析する。
(8)グループで創作漢字の字音の役割について話し合い、問題意識を共有する。

◆第二時

(1)ICTを活用して、Web上で公開されている「常用漢字表」（二〇一〇）を調べる。「常用漢字表」になぜ字音専用字が多いのか、グループでその理由について話し合う。
(2)班ごとの意見をまとめ、クラス全体で発表する。
(3)同音語（漢語）を音声で伝え、その意味について考えさせる。日本語に同音異義語が多い理由について、各グループで話し合う。

(4)資料3を配布する。個人で傍線部の四字熟語(A～K)の読み、意味、創作語の元となる四字熟語をワークシートに記入する。

〔資料3〕コラム「天声人語」(朝日新聞・朝刊、二〇二〇・一二・二四)

> 天声人語　春先、首相の会見で慌しく始まった臨時休校。A「児宅待機」で子供も、仕事を休めぬ親もとまどった。コロナ、コロナで明け暮れた1年を、住友生命が募った「創作四字熟語」で振り返る▼31回目の今年は過去最多の2万2千編が寄せられた。照る日も降る日もマスクなしでは外出しづらいB「全面口覆」が日常に。没個性の口元に飽き、趣向を凝らしたC「創意口布」を楽しむ人も増えた▼巣ごもり生活を少しでも快適にしようと、だれもがD「巣居工夫」に努めた。出かけた先でも平熱を確かめ、E「検温無事」でホッとする毎日。かたや、楽しみにしていた祭りや催しが津々浦々で中止されるF「多止祭催」には寂しさも覚える。▼飲食業界は営業自粛の波でいまも四苦八苦が続く。隣の席とは2メートルの間隔を空けるG「一席二長」が奨励された。代わりに広まったのがH「画伝飲酔」ことオンライン飲み会。人と人との接し方が一変した年だった▼コロナ以外のできごとも多々。政界では前首相が在職歴代最長の「記録更晋」のすぐ後に退陣し、後任は臥薪嘗胆ならぬ「菅新相誕」。漫画から映画までどこへ行っても「鬼滅の刃」を見ない日はなく、まさにI「頻出鬼滅」だった▼不安と疲労に耐えて治療の最前線に立ち続ける医療従事者のみなさんのJ「医心献身」には、どれだけ感謝しても足りない。製薬大手がワクチン開発にしのぎを削るK「薬家争鳴」のさなか、日本での接種はいつ始まるのか。どうか来年は心穏やかに過ごせますように。

(5)各グループで創作四字熟語の創作方法と表現効果について話し合う。

(6)班ごとの意見をまとめ、クラス全体で発表する。

◆第三時

(1)住友生命の「創作四字熟語」について説明し、資料2(本章一九頁・創作四字熟語⑪～㉕)を配布する。グループで資料2と資料3を比較しながら気づいたことを話し合い、創作四字熟語の創作方法と表現上の工夫についてもう一度考察する。

(2) 具体例を通して中国由来の四字熟語の特徴を分析する。そのうえで、資料２・資料３にある創作四字熟語の特徴、すなわち原語の字音に似せながら、異なる文字を当て、創作語と原語との響き合いを味わいながら新たな意味の世界をつくり出すという特徴に気づかせる。さらに、これまでの分析を通して見えてきた字音の役割や、当て字表現という伝統的な言語文化について理解を深める。

(3) 漢字の受容、万葉仮名による当て字文化の生成、和歌における掛詞の表現技法、字音語の生成、翻訳語による同音異義語の増加、現代の広告に見られる同音語や当て字の活用について説明し、時代を超えた一続きの言語文化の中で日本語の特質を捉えるように促す。なお、和歌の掛詞を説明する際に図１[17]を用いる。

(4) 創作漢字と創作四字熟語はなぜ多くの人を魅了し、いまも創作され続けているのか。グループでその理由について話し合う。

(5) 班ごとの意見をまとめ、クラス全体で発表する。

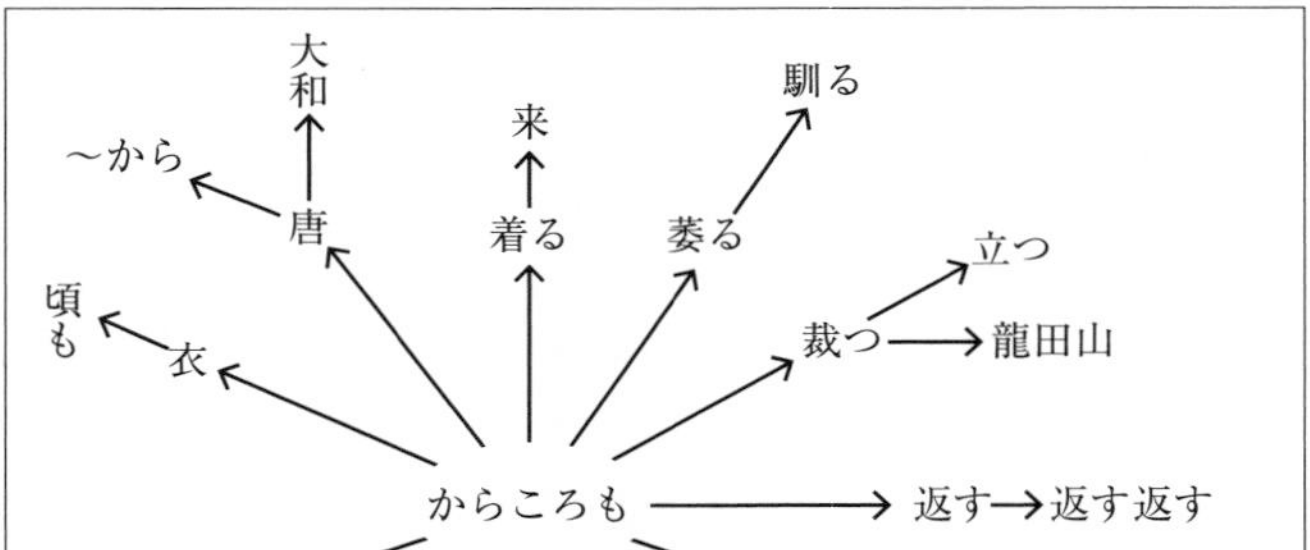

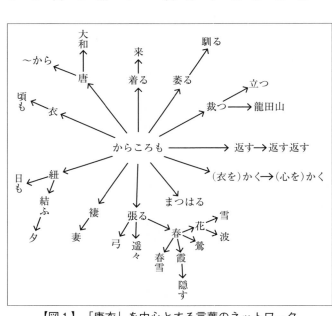

【図１】「唐衣」を中心とする言葉のネットワーク

(6) 本単元の学びを通して、日本語の特質や伝統的な言語文化について気づいたことや考えたことをまとめ、ワークシートに記入する。

筆者は、大学の授業で導入としてオリジナル漢字による自己紹介を行っている。次のA～Eは大学生による創作漢字である。

A

B

C

D

E

これらの創作漢字はそれぞれ何を意味するか。ここであえて明記せず、考えることの楽しさを味わっていただきたい。自ら漢字を創作することで、創作漢字への興味が湧くだけでなく、創作方法や表現上の工夫に対する理解も深まる。しかし、留意すべきは、創作漢字の楽しさを味わって終わりにならないように指導することである。創作漢字は、あくまでも日本語の特質や言語文化を考察するための入り口に過ぎない。なぜそのように漢字をつくるのか、自分の創作漢字と他者の創作漢字と見比べて、どのような共通点が見られ、なぜそのような共通点があるのかについて分析することが本指導の核心的な部分である。この授業構想の対象学年を高校第一学年に設定したのも、漢字と語彙の基礎を学習済みで、それらの知識を活用しながら統合的に分析する必要があるからである。

七、おわりに

中国語を書き表すためにつくられた漢字が、いまから二千年ほど前に日本に伝わってきた。古代の日本人は、漢字・漢語を日本語の一部として血肉化させるために、長い年月をかけ、さまざまな加工や創意工夫を施してきた。創作漢字と創作四字熟語は先人たちの創意工夫の延長線上にあり、それぞれの創作の背後に言語文化の蓄積と日本語の特質が隠されている。

漢字や漢語は、正しく読み、正しく書き、語句の意味や文脈に合わせて正しく運用する対象として小中高校の国語科で指導されている。また、紛らわしい同音異義語を区別しながら正しく使用できるようにトレーニングもなされている。漢字テストで同音異義語の問題によって減点されると、漢字や漢語に苦手意識を抱くだけでなく、なぜ漢語に同音異義語が多いのかという問題意識に辿り着かなくなる。漢字には字音・字訓・字形・字義があるとあたりまえのように覚えるだけでは、字訓を持たない漢字（字音専用字）の存在に気づくことなく、字音と漢語の関係や漢語における同音語の問題、同音語による表現の広がりにも意識が届かないであろう。

むろん、漢字や漢語を習得し、正しく運用することは必要不可欠である。漢字テストで満点になったからといって学力が高いとは言えないが、漢字の読み書きができないと、知識の習得や蓄積、思考の形成や表出に困難が生じることは確かである。しかし、個々の漢字や漢語の習得は出発点であることを忘れてはいけない。とりわけ高等学校では、既習した知識をつなげ、漢字の諸要素と語種の関係を俯瞰的統合的に理解するとともに、漢字や漢語に内包されている言語文化の源流と、それによって育まれてきた日本語の特質に対する理解を深めることが必要である。

創作漢字と創作四字熟語は、どれも漢字の「正確さ」を崩しながら、伝統的な手法（会意的造字法、同音語の活用、当て字表現、掛詞の表現技法、見立てなど）で意味を再構築し、豊かな表現を創出している。創作漢字と創作四字熟語という現象の本質を見抜き、点在している木々をつなげて森を見る。そして、ここで得た知見を今日の言語生活に生かしながら、言葉や表現を豊かなものにしていく。これが本章の教材開発と授業構想のねらいである。

注

（1）『高等学校学習指導要領（平成三〇年告示）解説　国語編』（二〇一九）東洋館出版社、一一四頁
（2）高島俊男（二〇〇一）『漢字と日本人』文藝春秋、二四～二五頁
（3）注2に同じ。一五六～一五七頁
（4）この部分の内容は『近代日中語彙交流史―新漢語の生成と受容【改訂新版】』（沈国威、笠間書院、二〇〇八、二一～二二頁）の記述に基づき、引用者が整理したものである。
（5）円満字二郎（二〇一七）『知るほどに深くなる漢字のツボ』青春出版社、二二頁
（6）鈴木孝夫（二〇一七）『閉ざされた言語・日本語の世界【増補新版】』新潮社、七四頁
（7）注6に同じ。八〇頁
（8）朝日新聞のコラム名は『「あて字」の日本語史』（田島優、風媒社、二〇一七、一九～二〇頁）による。「けいざい神話／けいざい真話／けいざい親話／けいざい深話／けいざい新話」は、朝日新聞の経済欄のコラムとして二〇一三年から二〇一六年三月にかけて連載されていた。「耕論」は朝日新聞のオピニオンのコーナー名として使われている。
（9）注6に同じ。八一～八二頁
（10）注2に同じ。九八頁
（11）白川静（二〇〇五）『新訂字訓』平凡社、三頁
（12）注5に同じ。一一四～一一五頁
（13）笹原宏之（二〇一四）『漢字に託した「日本の心」』NHK出版、三五頁
（14）注13に同じ。五四～五五頁
（15）円満字二郎（二〇一八）『四字熟語ときあかし辞典』研究社、六頁

（16）創作四字熟語はほとんど字音語であるが、「七菌八起《ななころなやおき》」「大学新試《だいがくニューし》」（両方とも二〇二一年）、「凄森消費《すごもりしょうひ》」（二〇二〇年）のように、字訓や外来語を用いたものもある。ただし、数が少ない。

（17）図1は『「古今和歌集」の創造力』（鈴木宏子、NHK出版、二〇一八、一九五頁）による。図1に関する解説は同書（一九三〜一九六頁）を参照されたい。

第二章

新選択科目「古典探究」における新教材の開発と授業構築
――『源氏物語』以後の物語の一つである『狭衣物語』を中心として――

吉田　茂

一、はじめに

二〇二三年度から高等学校国語科の選択科目の一つ「古典探究」での学びが始まる。この「古典探究」は共通必履修科目である「現代の国語」や「言語文化」の学習を踏まえて、それを発展、深化させるべく設定された選択科目である。この科目は、『高等学校学習指導要領　解説　国語編』によれば、「自分と自分を取り巻く社会にとっての古典の意義や価値について探究する資質・能力の育成を重視して新設した選択科目である」[1]ということである。

学習指導要領において「古典探究」の「2　内容」として示されたものは、「知識及び技能」と「思考力、判断力、表現力等」であるが、ここでは本稿との関わりから特に「思考力、判断力、表現力等」に限定して触れることにする。この「思考力、判断力、表現力等」の内容で注目すべきことは「A　読むこと」に限定されたことである。だからと言って、「話すこと・聞くこと」「書くこと」を無視してひたすら古典を読み続けることを意味するのではなく、「話すこと・聞くこと」「書くこと」を言語活動として取り入れることにより、「読み」を深化させること、また、逆に「読み」の深化を通じて、他の二つの技能の向上を図ることであると理解すべきであろう。「A　読むこと」の中で、前（二〇〇九年告示）の学習指導要領と比較して、新たに活動が加わったり、表現が詳細になったりしたものに限定して以下に示すことにする（傍線は筆者が付した）。

（1）読むことに関する次の事項を身に付けることができるよう指導する。

ウ　必要に応じて書き手の考えや目的、意図を捉えて内容を解釈するとともに、文章の構成や展開、表現の特色について評価すること。

エ　作品の成立した背景や他の作品などとの関係を踏まえながら古典などを読み、その内容の解釈を深め、作品の価値について考察すること。

オ　古典の作品や文章について、内容や解釈を自分の知見と結び付け、考えを広げたり深めたりすること。

ク　古典の作品や文章を多面的・多角的な視点から評価することを通して、我が国の言語文化について自分の考えを広げたり深めたりすること。(2)

ウの「書き手の考えや目的、意図を捉えて」やエの「作品の成立した背景や他の作品などとの関係を踏まえながら」が加わったことで、解釈や「読み」の指導方法がより明確に示されたと言える。また、オの「自分の知見と結び付け」とあることから、より主体的な「読み」が期待されていることがわかる。さらに、この中で最も注目すべきことは、クの「多面的・多角的な視点から評価する」という文言が加わったことではなかろうか。作品や文章を評価するためには、注釈的な理解は当然必要であるが、それを踏まえて、これは「作品の成立した背景」、すなわち作品成立時の時代相や社会の在り方を勘案し、現代人である高校生の眼で評価・判断することを意味するのである。学習指導要領でことさら評価することに拘るのは、学習者一人ひとりが、「自分の知見」をも動員して古典作品や文章と向き合うことによって、従来型の、指導者による現代語訳や文法の説明をそのまま受動的に受け入れてきた在り方から解き放たれて、自分の読みを確立し、「主体的な学び」を行うことによって、「自分の考えを広げたり深めたり」することに繋げようと考えたからではなかろうか。しかし、古典作品や文章を評価することはそれほど容易いものではない。なぜならば、評価するためには自分の中に評価のための「ものさし」を持たなければそれを行うことはできないからだ。そして、その「ものさし」は短時日に獲得できるものではない。だからといって、評価できないと言っているのではない。その「ものさし」を精度の高いものにするために自分自身でよく考え、他者の考え方に真摯に耳を傾け、それを踏まえて、自分自身で再考することによって、ただの棒きれから精度の高い「ものさし」になっていくのではないかと考えるのである。

その精度の高い「ものさし」を獲得するためには、古典に対する「知識・技能」はもちろん必要な要件ではあるが、それ以上に「思考力・判断力・表現力等」の育成が肝要であると考えている。その力も短時日に身に付くものではないことは十分承知しているが、本稿では、その第一歩として、『学習指導要領　解説』の「生徒の気付きを重視して、古典への興味や関心を広げたり深めたりすることが大切である」[3]という文言に導かれながら、学習者の「気付き」を重視する授業構築を提案したいと考えている。

二、『狭衣物語』を中心にすえた単元・授業構成案

『源氏物語』以後の物語は、以前は、『源氏物語』の模倣にすぎず、亜流の作品という低い評価であったが、今日では、『源氏物語』の影響を受けてはいるものの、それぞれの物語の独自性や現代的な価値を有する作品もあると考えられ、再評価が進みつつある。それとの関係からか、幾つかの教科書で[4]、『源氏物語』以後の物語である、『堤

中納言物語』『夜の寝覚』『とりかへばや物語』などが取り上げられるようになった。しかし、『狭衣物語』は、伝本間の異同も多いことから教科書には採られていない。確かに『狭衣物語』は、伝本間で夥しい異同が存在することは事実だが、『無名草子』で「『狭衣』こそ、『源氏』に次ぎては良う覚え侍れ[5]」と評されたり、藤原定家が「物語二百番歌合」の前の百番で、『源氏物語』の歌百首に対して『狭衣物語』の歌百首を合わせたりしたことを思えば、鎌倉時代初めには、『狭衣物語』は『源氏物語』に次ぐ作品であると評価されていたことが想像されるのである。また、写本の成立期は不明だが、『狭衣物語』には流布本系統の伝本が存在している。このことは、『狭衣物語』には多くの読者があったことを雄弁に物語っているのではなかろうか。したがって、『源氏物語』以後の物語を考える場合、『狭衣物語』を外すことは適当ではないと考え、本文上の問題があることを承知で、本稿では敢えて『狭衣物語』に焦点を当てることにしたのである。

授業案では、「言語文化」や「古典探究」で学んできた『枕草子』や『源氏物語』、『和泉式部日記』にも触れるので、高等学校第三学年、後期の授業を想定する。授業の形態は、グループワークによる、学習者の「気付き」を重視した「読み比べ」の活動である。次に、授業の概要を理解しやすくするために単元・授業構成案を示す。

単元・授業構成案

単元名　『源氏物語』以後の物語を考える―『狭衣物語』を中心として―

教　材　『狭衣物語』及びそれに関連する文章（物語・日記）や和歌・漢詩句など

対象学年　高等学校第三学年

単元目標
- 『源氏物語』以後の物語が試みた新しい取り組みについて理解する。
- 平安文学のまとめとして、物語と他の物語の関係、物語と日記、和歌との関係について再確認する。
- 現代的意味や意義を含めて、『源氏物語』以後の物語の価値を評価する。

授業方法　・主にグループ学習で展開する。グループごとに次に示す『狭衣物語』に関連する活動を行い、発表する。

①『狭衣物語』と他の物語の書き出しを比較しよう。

②『狭衣物語』と『源氏物語』に描かれる場面を比較しよう。

③『狭衣物語』と『枕草子』の正月十五日を描く場面を比較しよう。

④『狭衣物語』『和泉式部日記』『堤中納言物語』の「このついで」を読み比べよう。

⑤『狭衣物語』の二つの伝本の内容を比べよう。

⑥「虫愛づる姫君」、『とりかへばや物語』の主人公の人物造型とその現代的意味や意義を考えよう。

・すべてのグループの発表を聴いたのち、「『源氏物語』以後の物語の価値を評価する」というテーマで小論文（八〇〇字程度）を書く。

発　表　・各グループの発表は一五分程度とし、五分程度の質疑応答の時間を設ける。補助資料としてスライドやプリントを用いてよい。取り上げる文章の現代語訳も準備し、聴き手の便宜を図る。

指導目標　・発表するために考えたこと、他グループが発表した内容を参考に、古典作品に対する理解を深める。

↓【知識及び技能】の育成

・説得力のある発表を行うために、何を、どのように発表に盛り込むか判断し、また、効率的に発表するためにどのようなスライドやプリントを準備するか考え、それを作成する。さらに、自分の考えを定着させるために小論文を書く。↓【思考力、判断力、表現力等】の育成

・多面的・多角的に『源氏物語』以後の作品を平安文学の中に定位する必要が出てくる。そのために改めて既習の古典作品を読み直すことになろう。また、発表するために考察したり、他グループの

発表を聴いて、自分の考えを修正することは、自分の考えを広げたり深めたりすることに繋がる。

↓【学びに向かう力、人間性等】の育成

指導要領への対応　・主に「A　読むこと」のクの「古典の作品や文章を多面的・多角的な視点から評価することを通して、我が国の言語文化について自分の考えを広げたり深めたりすること」に対応する。

単元指導計画（案）　全七時間

時	学習活動　◇指導者の活動	★指導上の留意点　☆評価規準
1	○授業は参考図書を利用しやすい図書館等で行う。 ①本単元の活動について説明する。◇ ②『狭衣物語』のあらすじ等を講義する。◇ ③グループごとに当該の資料（配付資料1～6）を配付する。◇ ④配付された部分の内容を添付された現代語訳等で確認する。 ⑤他の資料（例えば和歌や漢詩句等）の意味を参考図書等で調べる。 ⑥問題点、発表したい点などの検討に入る。	★前時までにグループ分け、担当する活動を抽選等で決定しておく。 ★配付資料は担当する箇所の本文・現代語訳、関連する本文に限定する。 ★活動や問題点については適宜アドバイスする。 ☆関連する本文の意味を、参考図書を用いて意欲的に調べようとしているか。（観察）
2	①前時の続きで、問題点、発表したい点などの検討を続ける。 ②発表するために資料（例えばスライドやプリント）を作成する。 ③発表の役割分担（司会的な役割、発表順等）を確認する。 ④時間があれば、簡単なリハーサルを行う。時間のないグループは放課後行ってもよい。	★発表のポイントを精選する。 ★資料作成、発表の役割分担を明確にする。 ★発表資料を次回までに完成するよう指示する。 ☆議論や検討の場で発表資料の作成に積極的に関わっているか。（観察）
3～5	○各グループの発表（発表十五分、質疑応答五分）を行う。 ○発表資料（プリント）は発表前に配付しておく。 ①グループの発表を行う。全員が交替で発表する。 ②発表を聴く側は、評価（評価表は36頁に示す）を行う。 ③評価表を整理し（氏名欄は切り取る）、あとの授業時間に当該グループに	★発表が時間内に終わるように、指導者がタイムキーパーとなる。 ★評価について、厳正に行いつつも、学習動機を喚起する内容になるよう指導する。 ☆発表内容が精選され、説得力のあるものであっ

	学習活動	評価
	渡す。◇ ○第4・第5時も同様に行う。	たか。（観察、学習者・指導者の評価表） ☆聴く態度・評価は積極的であったか。（評価表）
7・6	①各グループに評価表を渡す。◇ ②各グループはその評価表をもとに、自分たちの発表を振り返る。 ③小論文の書き方を復習する。◇ ④「『源氏物語』以後の物語の価値を評価する」（八〇〇字程度）というテーマで小論文を書く。	★評価表の氏名欄は切り取り、評価表を各グループに渡す。 ☆振り返りに積極的に参加したか。（観察） ★結論を明確にすること、根拠を挙げることなどを事前に指導する。 ☆説得力のある論文になっているか。（小論文）

評価規準

知識及び技能	思考力、判断力、表現力等	学びに向かう力（態度）
•現代語訳をもとに内容を的確に理解できる。 •現代語訳のない文章や和歌・漢詩句を正確に現代語訳できる。 •発表したい内容を過不足なく発表できる。 •この学習を通じて、作品への理解を深めることができる。	•資料プリントから有益な情報を見つけ出すことができる。 •見つけ出した事柄を精選することができる。 •精選された事柄を組織化し、発表に繋げることができる。 •説得力のある発表にするために、適当なスライドやプリントを作成できる。 •考えを小論文に表すことができる。	•グループ活動に積極的に参加することができる。 •議論や検討の場で積極的に発言することができる。 •発表スライドや資料プリントの作成に積極的に関わることができる。 •評価表を的確に使用し、正当な評価ができる。 •小論文作成に意欲的に取り組むことができる。

評価表（案）

三年　組　番氏名

発表テーマ『狭衣物語』の書き出し………

【内容】	○発表の内容が良かったか。	5　4　3　2　1
	○説得力があったか。	5　4　3　2　1
【発表資料】	○発表資料が適切であったか。	3　2　1
【発表準備】	○準備は適切であったと思うか。	3　2　1
【発表方法】	○構成は適切であったか。	3　2　1
【声量など】	○声量・明瞭さは適切であったか。	3　2　1
【質問対応】	○質問に的確に答えていたか。	3　2　1

※評価基準の数字を○で囲んでください。
その合計点を下に書いてください。【合計点】　　点

【良かった点、学んだ点、質問を書いてください】

【改善すべき点があれば書いてください】

三、『狭衣物語』の書き出し

古文を読むという観点に立てば、『狭衣物語』の内容の理解や鑑賞を優先すべきところであるが、今回の授業案では、主にこの物語の表現に着目し、『源氏物語』以後の物語として、表現においてどのような試みがなされたかを検証したいと考えている。もちろん、グループ発表では、物語の本文を扱うわけであるから、その部分の内容理解や本文鑑賞が行われることは言うまでもない。また、「主体的な学び」が保障されるためには、学習者自らが『狭衣物語』の表現に着目し、その問題点に「気付き」、なぜそのような表現を採用したかを考察し、それを経て自らの「解」を導き出すことが必須であることは言うまでもない。こうした、学習者の「主体的な学び」が実践されることが理想的な学びのかたちであることを十分自覚しながらも、その理想的な学びのかたちに一足飛びに学習者

が到達できるか否かを考えた場合、それは容易なことではないとも想像できるのである。したがって、今回は「主体的な学び」を薄めてしまうことにはなるが、理想的な学びのかたちに到達するための一つの訓練の場として、指導者が『狭衣物語』の表現について問題になると思われる事柄を学習者に提示し、それをもとに学習者一人ひとりが考察し、対話し、発表し、それを踏まえて小論文にまとめるという、一連の方法を採りたいと考えている。

以下、次のとおりグループに配付する資料を掲げたうえで、各グループが発表する内容を想定し、解説を加えていくこととする。この想定はあくまでも筆者の想定にすぎないので、これ以外のことについて、学習者が思わぬ、それでいて見事な「気付き」を発揮するかもしれない。むしろ、その方が望ましいことであるので、指導者は臨機応変に対応したい。四〜八も同様である。

配付資料1

グループ①『狭衣物語』と他の物語の書き出しを比較しよう。[6]

『狭衣物語』の本文

少年の春は惜しめどもとどまらぬものなりければ、三月も半ば過ぎぬ。御前の木立、何となく青みわたれる中に、中島の藤は、松にとのみ思ひ顔に咲きかかりて、山ほととぎす待ち顔なり。池の汀の八重山吹は、井手のわたりにやと見えたり。光源氏、身も投げつべし、とのたまひけんも、かくやなど、独り見たまふも飽かねば、侍童の小さきして、一房づつ折らせたまひて、源氏の宮の御方へ持て参りたまへれば、御前に中納言、少、中将など[7]いふ人々、絵描き彩りなどせさせて、宮は御手習せさせたまひて、添ひ臥してぞおはしける。（『狭衣物語』①、一七頁、傍点のある文字は他本を参考に筆者が補った。以下同じ）

【現代語訳[8]】

（白居易の詩ではないが）少年時代の春はどれほど惜しんでも留まることのないものだから、（早くも春の終わりの）三月も半ばが過ぎてしまった。庭先の木々が、なんとなく一面に青々と茂っている中で、池の中島の藤は、（夏を待つのではないが）松にだけまとわりつくものだと思っているような風情で咲きかかっていて、山（から）時鳥が（やって来て鳴くのを）待ちわびている顔つきである。池の水際に咲いている八重の山吹は、（山吹の名所である）井手の辺りかと思うほど美しく見える。光源氏が（朧月夜の君に、藤の花の一枝を折って、）身も投げてしまいたいとお詠みになったのも、このような時だったのだろうかと、（狭衣の君は）独りでご覧になるのも物足りない気持ちもするので、側仕えの少年で、かわいらしい子に命じて、山吹と藤を一枝ずつ折らせなさって、源氏の宮のお部屋の方へ持参なさると、御前には中納言、少将、中将などといった女房たちに、絵を描かせ、それに彩色などさせて、源氏の宮ご自身はすさび書きなどをされて、（脇息に）もたれかかって臥しておいでになる。

○関連の漢詩句・和歌

背燭共憐深夜月　踏花同惜少年春〈燭を背けては共に憐れむ深夜の月　花を踏んでは同じく惜しむ少年の春〉
（『和漢朗詠集』巻上、春、春夜、二七、白居易、三〇頁。『白氏文集』巻一三「春中與盧四周諒解華陽觀同居〈春中に盧四周諒と與に華陽観に同居す〉）

百首歌中に　重之
夏にこそ咲きかかりけれ藤の花松にとのみも思ひけるかな（『拾遺和歌集』夏、八三、『重之集』二四〇）

わが宿の池の藤波咲きにけり山ほととぎすいつか来鳴かむ（『古今和歌集』夏、一三五、よみ人しらず）

わが宿の池の藤波咲きしより山ほととぎす待たぬ日ぞなき（『躬恒集』九二）

かはづなく井手の山吹散りにけり花の盛りにあはましものを（『古今和歌集』春下、一二五、よみ人しらず）

○『源氏物語』までの物語の書き出し

今は昔、竹取の翁といふ者ありけり。野山にまじりて竹を取りつつ、よろづのことに使ひけり。（『竹取物語』、一七頁）

昔、男、初冠して、奈良の京春日の里に、領るよしして、狩に往にけり。（『伊勢物語』、一一三頁）

昔、式部大輔左大弁かけて、清原の王《おほきみ》ありけり。皇女腹《みこばら》に男子《をのこご》一人持たり。（『うつほ物語』①、一九頁）

今は昔、中納言なる人の、女あまた持たまへるおはしき。（『落窪物語』、一七頁）

いづれの御時にか、女御、更衣あまた候ひたまひける中に、いとやむごとなき際にはあらぬが、すぐれて時めきたまふありけり。（『源氏物語』①、一七頁）

○『堤中納言物語』の書き出しと関連和歌

五月待ちつけたる花橘の香も、昔の人恋しう、秋の夕べにも劣らぬ風に、うち匂ひたるは、をかしうもあはれにも思ひ知らるるを、山ほととぎすも里なれて語らふに(『堤中納言物語』所収の「逢坂越えぬ権中納言」の書き出し、四三一頁)

五月待つ花橘の香をかげば昔の人の袖の香ぞする(『古今和歌集』夏、一三九、よみ人しらず)

足引きの山ほととぎす里なれてたそがれ時に名のりすらしも(『拾遺和歌集』雑春、一〇七六、大中臣輔親《おおなかとみのすけちか》)

平安時代の物語は、成立の時期、物語の内容や特性によって、右のようにさまざまに書き出されている。説話の表現である「今は昔…けり。」や「昔…けり。」と書き出され、それに続けて物語の主人公や係累の人物の紹介で始まるのが一般であった。その書き出しに変革をもたらしたのが『源氏物語』である。これは、どの帝の御代であったか明言しないで、それを読み、聞く者に特定の帝を想起させるという斬新な書き出しであった。

以上のことを踏まえて『狭衣物語』の書き出しを考えれば、それは『和漢朗詠集』二七の白居易の漢詩句を引き、「少年の春は惜しめども」と書き出し、次に続く部分も勅撰集や私家集に載る和歌を引歌表現の手法で本文に取り入れたことに、学習者はすぐに「気付く」であろう。さらに、『源氏物語』の書き出しが変革をもたらしたものであるならば、さらに『狭衣物語』の書き出しは、『源氏物語』の書き出しを越えようとして着想されたものではないか、という考えに至るかもしれない。さらに、目敏い学習者が、『堤中納言物語』の「逢坂越えぬ権中納言」の書き出しに注目し、『狭衣物語』と同じ手法の書き出しに「気付き」、二つの作品が成立した頃に流行した書き出しの手法ではないか、と推定するとすれば、このグループの活動として十分なのではなかろうか。ここで例えば、指導者が物語全体の書き出しではないが、『源氏物語』早蕨の巻の書き出しである「藪しわかねば、春の光を見たまふにつけても、いかでかく長らへにける月日ならむと、夢のやうにのみおぼえたまふ。」(『源氏物語』⑤、三四五頁)

を示し、これが、「日の光藪しわかねば石上《いそのかみ》ふりにし里に花も咲きけり」（『古今和歌集』雑上、八七〇）の布留今道《ふるのいまみち》の歌を引き、歌の「日の光」を「春の光」に変えた表現であることを補ってやることによって、学習者はさらにそれを発展させて、『狭衣物語』の書き出しはこの物語が初めて試みた方法ではないが、『源氏物語』の巻（帖）の書き出しから着想し、それを先鋭化させたものではないか、また、『源氏物語』を意識して、それを越えようとする物語作者の意図の現れが物語の書き出しに反映されているのではないか、などと推論するかもしれない。ここまで到達することができれば、このグループの活動は成功したと言えよう。

四、『源氏物語』の影響下にある『狭衣物語』

前掲の『狭衣物語』の書き出しの部分に「光源氏、身も投げつべし、とのたまひけんも、かくやなど」という表現があった。これは、『源氏物語』の若菜上の巻に見える、

人召して、かの咲きかかりたる花、一枝折らせたまへり。

（源氏）沈みしも忘れぬものをこりずまに身も投げつべき宿のふぢ波

いといたく思しわづらひて、寄りゐたまへるを、心苦しう見たてまつる。女君も、今さらにいとつつましく、さまざまに思ひ乱れたまへるに、花の蔭はなほなつかしくて、

（朧月夜）身を投げむふちもまことのふちならでかけじやさらにこりずまの波（『源氏物語』④、八四頁）

の表現を引いて本文に取り入れた部分であることはよく知られている。光源氏の須磨退居の切っ掛けとなった朧月夜と対面し、彼が藤の花に添えて贈った歌とそれに朧月夜が答えた歌である。このように、『狭衣物語』はしばしば『源氏物語』の表現を引いていて、それは枚挙に遑がないほどである。それを踏まえてその様相の一端をグルー

プ②に確認してもらおう。

配付資料2

グループ②『狭衣物語』と『源氏物語』に描かれる場面を比較しよう。(9)

『狭衣物語』の本文：狭衣が女二の宮への満たされぬ思いを抱きながら、その母宮の邸を訪ねた時の、狭衣の眼を通した庭の風景である。

袖の氷とけず明かしわびたまふ夜な夜なは、いまはじめ、たち別れたらん心地して、恋しさもさびしさも類なかりけり。世にすさまじきものに言ひ古るしたる十二月の月も、見る人からにや、宵過ぎて出づる影さやかに澄みわたりて、雪少し降りたる空のけしきの冴えわたりたるは、言ひ知らず心細げなるに、小夜千鳥さへ妻呼びわたるに、貫之が「妹《いも》がり行けば」と詠みけんもうらやましくながめわびたまふに、御心もあくがれまさりて、例の御乳母子の道季ばかりを御供にて、かの宮におはしたれば、御門もしたたむる人もなきにや、見わたしたまふに、時分かぬ深山木どもの木暗うもの古りたるをたづねよるにや、四方の嵐もほかよりはもの恐ろしげに吹きまよひて、雪かきくらし降りつもる庭の面は、人目も草も枯れはてて、同じ京のうちとも見えず、心細げさもまさるに、起きたる人のけはひもせねば、わざとも え驚かしたまはで、中門に続きたる廊の前につくづくとながめ居たまへり。（『狭衣物語』①、二三二・二三三頁）

○関連和歌

思ひつつ寝なくに明くる冬の夜の袖の氷はとけずもあるかな（『後撰和歌集』冬、四八一、よみ人しらず）

思ひかね妹がり行けば冬の夜の川風寒み千鳥鳴くなり（『拾遺和歌集』冬、二二四、貫之、『貫之集』三三九）

山里は冬ぞさびしさまさりける人目も草もかれぬと思へば（『古今和歌集』冬、三一五、源宗于、『宗于集』一五）

○『源氏物語』総角：薫が亡き大君を偲んで歌を詠む場面

雪のかきくらし降る日、ひねもすにながめ暮らして、世の人のすさまじきことに言ふなる十二月の月夜の曇りなくさし出でたるを、簾捲き上げて見たまへば、向かひの寺の鐘の声、枕をそばだてて、今日も暮れぬとかすかなるを聞きて、

（薫）おくれじと空ゆく月をしたふかなつひにすむべきこの世ならねば

風のいと激しければ、蔀おろさせたまふに、四方の山の鏡と見ゆる汀の氷、月影にいとおもしろし。京の家の限りな

くと磨くも、えかうはあらぬはやとおぼゆ。（『源氏物語』⑤、三三二・三三三頁）

指導者は季節や時間、天候の確認から始めるとよい。すると、両物語とも、季節は冬の夜、雪が降りやみ、月が出ている、とすぐに答えが返ってくるだろう。そして、本格的な検討に入れば、『狭衣物語』の「世にすさまじきものに言ひ古るしたる十二月の月」は『源氏物語』の「世にすさまじきことに言ふなる十二月の月」をそのまま引いた表現であり、同じく『狭衣物語』の「四方の嵐もほかよりはもの恐ろしげに吹きまよひて」は『源氏物語』の「風のいと激しければ、蔀おろさせたまふに、四方の」を踏まえて表現した部分であろう、という意見が出るだろう。それに続けて、『狭衣物語』の方は、勅撰集に入集する歌を引いて表現しているとか、『源氏物語』の「簾捲き上げて見たまへば、向かひの寺の鐘の声、枕をそばだてて」は『枕草子』の「雪のいと高う降りたるを」（二八〇段）で学んだ『白氏文集』の詩の一節、「遺愛寺の鐘は枕を欹てて聴き　香炉峰の雪は簾を撥げて看る」を踏まえた表現のように思う、などの意見が出るかもしれない。さらに、狭衣の満たされぬ思いと薫の大君を失った悲しみとが冬の荒涼たる風景に合っていてすばらしい、などの内容と表現とを結び付けて鑑賞するような「気付き」があれば、言うことはない。こうした活動を通じて、学習者が『狭衣物語』のこの場面でも『源氏物語』を踏まえて物語が書かれていること、また、『狭衣物語』は『源氏物語』以上に引歌表現を取り入れて、文飾を施している点に「気付か」せたい。さらに、指導者にとっては前掲の『源氏物語』の「世にすさまじきことに言ふなる十二月の月」という表現が気になるはずだ。なぜなら、この表現に関連して、『源氏物語』の鎌倉時代の注釈書である『紫明抄』に「清少納言枕草子云、すさまじき物、しはすの月夜」[10]とあることを思い出すからである。ところが、残念ながら、現存する『枕草子』の伝本にはこの表現は見えないが、『紫明抄』の注記は、『枕草子』の「すさまじきもの」の中に「しはすの月夜」とある伝本が当時あったことを想像させる。紫式部はこの表現に拘っていて、『源氏物語』朝

顔の巻でも、

雪のいたう降り積もりたる上に、今も散りつつ、松と竹とのけぢめをかしう見ゆる夕暮に、人の御容貌も光りまさりて見ゆ。（源氏）「時々につけても、人の心をうつすめる花紅葉の盛りよりも、冬の夜の澄める月に雪の光りあひたる空こそ、あやしう色なきものの身にしみて、この世の外のことまで思ひ流され、おもしろさもあはれさも残らぬをりなれ。すさまじき例《ためし》に言ひおきけむ人の心浅さよ」とて、御簾捲き上げさせたまふ。

（『源氏物語』②、四九〇頁）

と光源氏の言葉を借りて、紫式部は「冬の夜の澄める月に雪の光りあひたる空」を愛で、それを「すさまじき例」に挙げている人を「心浅さよ」と非難しているのである。この「言ひおきけむ人」が誰を指すのか不明であるが、これを仮に清少納言であると考えると、この表現から「作者の彼女に対する強い対抗意識をうかがい得る」[11]という指摘もあるので、これを学習者に伝えれば、『枕草子』の「すさまじきもの」の復習にもなるし、また、『紫式部日記』で清少納言評を書く紫式部の心の想像にもつながり、学習者の知見は広がるであろう。

五、『狭衣物語』における『枕草子』の影響

今まで見てきただけでも、『狭衣物語』が『源氏物語』から大きな影響を受けていることは明白である。一方で、『狭衣物語』は『枕草子』からも影響を受けているということも見逃せない。グループ③に提示するのは、『狭衣物語』巻四、正月十五日を描く場面と、『枕草子』の正月十五日の風景を描く場面とである。

配付資料3

グループ③『狭衣物語』と『枕草子』の正月十五日を描く場面を比較しよう。[12]

『狭衣物語』の本文：正月十五日、狭衣が妻の一人である式部卿宮の姫君を訪ねた場面

果ての十余日には、若き人々群れ居つつ、をかしげなる粥杖ひきかくしつつ、互《かた》みにうかがひ、打たれじと用意したる居ずまひ、思惑どもも、各々をかしう見るを、（狭衣）大将殿は見たまひて、「まろを、まづ集まりて打て。さらばこそおのれらも子は儲けん。まことにしるしあることならば、痛うとも念じてあらむ」などのたまへば、皆うち笑ひたるに、（女房）「いとど、今は、さやうなるあふれ者、出で来まじげなる世にこそ」と、うちささめくもありけり。若宮も、いとうつくしき、御懐より取り出でて、打ちたてまつりたまへば、うち笑みたまひて、（狭衣）「あなうれしや、宮の、あまりかたじけなくおぼえたまふに、私の子儲けつべかめり」と、かひがひしく喜び申したまふもをかし。やがて、申しとりたまひて、ひき隠して、女君のおはする几帳の上より、やをら覗きたまふを、をかしと誰も見たてまつりつつ、忍びて笑へば、（狭衣）「あなかまあなかま」とて、手かきたまふ。弁の乳母は、さすがに危ふげに思ひて、顔うち赤めたるぞをかしかりける。（『狭衣物語』②、三二五・三二六頁）

○『枕草子』の「正月一日は」（第三段）：正月十五日の風景を描いた場面

十五日、節供まゐり据ゑ、粥の木ひき隠して、家の御達、女房などのうかがふを、打たれじと用意して、常に後ろを心づかひしたる気色もいとをかしきに、いかにしたるにかあらむ、打ち当てたるは、いみじう興ありて、うち笑ひたるは、いと映え映えし。ねたしと思ひたるも、ことわりなり。新しう通ふ婿の君などの内へ参るほどをも、心もとなう、所につけて我はと思ひたる女房の覗き、気色ばみ、奥の方にたたずまふを、前にゐたる人は心得て笑ふを、「あなかま」とまねき制すれども、女はた知らず顔にて、おほどかにて居たまへり。「ここなるもの取りはべらむ」など言ひ寄りて、走り打ちて逃ぐれば、ある限り笑ふ。男君も、憎からずうち笑みたるに、ことにおどろかず顔少し赤みて居たるこそをかしけれ。また互《かた》みに打ちて、男をさへぞ打つめる。いかなる心にかあらむ。（『枕草子』二八・二九頁）

二つの場面の検討に入る前に、『枕草子』の「正月一日」を始めから読み、そこに記されている正月の行事を調

べておきたい。一日の年始の祝い、七日の若菜摘み、白馬《あおうま》の節会、八日の女叙位《にょじょい》（隔年）などが見られる。加えて、十五日の「粥杖」の行事、さらに正月中に行われる県召の除目などが記されている。県召の除目は『枕草子』の「すさまじきもの」（二三段）に描かれているので、内容を覚えている学習者も多かろう。この正月の行事の紹介を発表の導入として用いることもできる。「粥杖」は十五日に粥を煮る時に用いる棒で、これで女の腰や尻を打つと、打たれた女は懐妊して男子を産むと伝えられる当時の風習である。それがよく表されているのは『枕草子』で、それには女房同士で粥杖を用いて同僚の女房と打ち合っている様子や、参内前に立ち寄った婿の君の前で、女房が婿の妻である姫君を打って逃げるのを目の当たりにして、顔を赤らめている婿の君の様子が描かれている。一方の『狭衣物語』では、女房同士で粥杖を用いて同僚の女房と打ち合っている所に狭衣が来て、「私を打て。打てば私の子を授かることができるぞ」と女房たちに声を掛けるが、彼女たちはそれをまったく相手にしない、というのである。のち、若宮に打たれた狭衣は、若宮のような子を授かることができると喜び戯れる。さらに、狭衣は若宮が使った粥杖で女君（式部卿宮の姫君）を打とうと近づく姿を弁の乳母が見て、顔を赤らめている場面が描かれている。『狭衣物語』においても人を制する言葉「あなかま」が用いられ、動作の主体は異なるが、打たれる様を見て顔を赤らめる描写があることを考えれば、『狭衣物語』は『枕草子』の「粥杖」の場面を材料にして書かれたのだと推定して間違いない。これに学習者が「気付く」のはそれほど難しいことではなかろう。また、『狭衣物語』は『枕草子』をそのまま用いるのではなく、『枕草子』の引用部分の最終部では、「男をさへぞ打つめる。いかなる心にかあらむ」と表現し、この行事はもともと女を打つところに意味があるのであって、男を打つのはどういうことかと訝っているにも拘わらず、『狭衣物語』では狭衣が「まろを、まづ集まりて打て」と女房に声を掛けたり、狭衣が若宮に打たれたのを喜んでみせたりする様子に書き換えている。つまり、『狭衣物語』は『枕草子』に取材しながらも、それをそのまま取り入れるのではなく、変奏させて物語に取り入れているのである。学習者にこの点にも

「気付か」せたい。また、すでに指摘されていることだが、[13]『狭衣物語』巻一の「菖蒲の雫《しずく》ばかりにて、空の雨雲晴れて、ほのぼの明けゆく山際、春の曙ならねどをかし」(『狭衣物語』①、五四頁)という表現も、『枕草子』冒頭の「春は曙、やうやう白くなりゆく山際…」の部分を引きながら、「春の曙ならねど」と否定し、夏の五月の風景を描いていて、『枕草子』を変奏させて本文に取り入れるという『狭衣物語』の手法のあらわれである、などと指導者が補えば、学習者の知見はさらに広がるだろう。

六、『狭衣物語』と『和泉式部日記』、『堤中納言物語』の「このついで」

『和泉式部日記』の冒頭の叙述が『狭衣物語』の冒頭に発想や表現の点で影響を及ぼしたという指摘[14]がされてから久しいが、この指摘の蓋然性についていまなお論争が続いている。[15]それゆえ、ここではこの問題に深入りすることを避け、『和泉式部続集』に見える「日を経つつわれ何事を思はまし風の前なる木の葉なりせば」、「いとへども消えぬ身ぞ憂きうらやまし風の前なる宵のともしび」の二首の歌に用いられている「風の前なる」という歌句に着目して、読み比べを進めていこう。

配付資料4

グループ④『狭衣物語』『和泉式部日記』『堤中納言物語』の「このついで」を読み比べよう。[16]

『狭衣物語』の本文：狭衣が出家の思いを妻の一品の宮に語っている場面

一品の宮には、このごろ、例ならず、心のどかに居たまひても、思ふさまになり果てなば、いかに思ひ出でなきあさましき心のほどと思し出でんずらんと、さすがにかたじけなう、御身のほどを心苦しう思さるれど、さりとても駒のつまづくばかりにはあらねば、ただ、(狭衣)「数ならぬ身ながらも長らへてだに御覧ぜられまほしきを、命さへありがたくおぼえはべるこそ」など、心細げに思したる、常の言種《ことぐさ》になりにたる、風の前の木の葉は、見え果つまじき心ざまなれば、かやうに耳馴らさするにこそと心得させたまへば、御耳留めさせたまはず。（『狭衣物語』②、一九二頁）

○『和泉式部続集』

日を経つつわれ何事を思はまし風の前なる木の葉なりせば〈日を過ごしながら私は何を考えていたのだろうか。風の前にある木の葉であるなら、（風に吹かれて）消えてしまえば悩まなくてすんだのに〉（六三七）

いとへども消えぬ身ぞ憂きうらやまし風の前なる宵のともしび〈厭うと思っても死ねないのが辛いことよ。うらやましいのは風の前にある夜の燈であるよ〉（一三四）

○『倶舎論』（仏教論の書）疏「寿命猶如風前燭〈寿命は猶ほ風前の燭の如し〉」

○『和泉式部日記』：女の物忌の日、帥宮と女とが贈答する場面

その日になりて、（女）「今日は物忌」と聞こえてとどまりたれば、（宮）「あな口惜し。これ過ぐしてはかならず」とあるに、その夜の時雨、常よりも木々の木の葉残りありげもなく聞こゆるに、目を覚まして、「風の前なる」などひとりごちて、「みな散りぬらむかし。昨日見で」と口惜しう思ひ明かして、つとめて、宮より、

（宮）神無月世にふりにたる時雨とや今日のながめはわかずふるらむ

（女）時雨かも何に濡れたる袂ぞと定めかねてぞ我もながむる（『和泉式部日記』六五頁）

さては口惜しくこそ」とのたまはせたり。

○『堤中納言物語』の「このついで」の第二話：ある春の雨の日、中宮が物思わしげに眺めている昼、女房たちが歌語りをするという趣向の物語で、掲出したものは女房の一人「中納言の君」が語る第二話である。

「去年の秋ごろばかりに、清水に籠もりてはべりしに、かたはらに、屏風ばかりを、ものはかなげに立てたる局の、にほひいとをかしう、人少ななるけはひして、をりをりうち泣くけはひなどしつつおこなふを、誰ならむと聞きはべりしに、明日出でなむとての夕つ方、風いと荒らかに吹きて、木の葉ほろほろと、滝のかたざまにくづれ、色濃き紅葉など、局の前にはひまなく散り敷きたるを、この中隔《なかへだて》の屏風のつらによりて、ここにも、ながめはべりしかば、いみじう忍びやかに、

『いとふ身はつれなきものを憂きことをあらしに散れる木の葉なりけり　風の前なる』

と、聞こゆべきほどにもなく、聞きつけてはべりしほどの、まことに、いとあはれにおぼえはべりながら、さすがに、

ふといらへにくく、つつましくてこそやみはべりしか」と言へば（『堤中納言物語』、四〇〇・四〇一頁）

まず始めに押さえておきたいのは、和泉式部の詠んだ二首の歌に見える「風の前なる」という歌句についてである。これは『倶舎論』疏の「寿命猶如風前燭（寿命は猶ほ風前の燭の如し）」の句から借用したものであり、はかなく消えること、はかなく死んでしまうことを喩えるのが本来の意味である。この「風の前なる」という表現は『狭衣物語』では「風の前の木の葉は、見え果つまじき心ざまなれば」（A）と引かれ、『和泉式部日記』では「『風の前なる』などひとりごちて」（B）と用いられ、『堤中納言物語』の「このついで」では「『いとふ身はつれなきものを憂きことをあらしに散れる木の葉なりけり　風の前なる』と、聞こゆべきほどにもなく」（C）と歌の連続で引かれている。一見同じような用法と思われるが、細かく検討していくと、（A）は、直前に「命さへありがたくおぼえはべるこそ」とあるので、狭衣自身の命の危うさ、はかなさを表現しているのであり、（B）は、庭に散り敷いている木の葉を愛惜しているに過ぎないし、最後の（C）は、風のまにまに散っては消えていく木の葉のように、俗世から消えるように出家したいという思いを「風の前なる」に託していて、それぞれに微妙な用法の違いがある。しかし、用法に違いがあるにせよ、三つの作品はともに「風の前なる」の句を借りて、文飾を施そうとした点は共通していて、そこに作者の工夫を認めることができるであろう。学習者にこのあたりに「気付か」せたい。

和泉式部の歌に話題を戻せば、「風の前なる」の句を取り入れたのは彼女が最初であるらしく、それ以降、他の歌人も「風の前なる」の句を取り込んだ歌を詠んでいる。例えば、『新古今和歌集』の撰者の一人である藤原家隆が「夢覚めて見るもはかなし山里の風の前なるともしびのかげ」（『壬二集』一六三〇）と「山家燈」の題詠として詠む歌はその一例である。また、「風の前なる」と同様、和泉式部の詠んだ歌句が後世の歌人に影響を与えたものに「道芝の露」がある。その歌とは「夏の日の脚にあたればさしながらはかなく消ゆる道芝の露」（『和泉式部集』

二四）という歌である。もっとも、「道芝の露」を初めて和歌に詠み込んだのは和泉式部ではない。先例として、小大君《こだいのきみ》は「消えかへりあるかなきかの我が身かな恨みてかへる道芝の露」（『小大君集』六二）と詠んだし、藤原高遠《たかとお》は「かひなくて有明の月に帰りなば濡れてや行かむ道芝の露」（『大弐高遠集』二二二）と詠んでいるので、「道芝の露」を初めて詠み込んだのは和泉式部ではないのだが、平安和歌史の中での和泉式部の存在の大きさ、例えば『後拾遺和歌集』入集歌で和泉式部の歌が最多であったことなどを勘案すれば、歌句の「道芝の露」を定着させたのは、和泉式部と言ってよいのではなかろうか。和歌の世界にとどまらず、この「道芝の露」という表現は、引歌表現として物語にも取り込まれ、その中でも最も多く採用しているのが『狭衣物語』である。数例のみを示せば、次のとおりである。

（狭衣）尋ぬべき草の原さへ霜枯れて誰に問はまし道芝の露（巻二、『狭衣物語』①、一五七頁）

なかなかにこよなくめざましかりける道芝の露の名残なりけんかし（巻二、『狭衣物語』①、一九二頁）

前の世の契りにこそは、かの道芝の露もこのつらに思ふべきにはあらねど（巻二、『狭衣物語』①、二八一頁）

道芝の露ぞ、袖にかけたまはぬ暇なく、忘れたまはざんなるものを（巻四、『狭衣物語』②、二五〇頁）

『狭衣物語』では、和泉式部の歌から「道芝の露」を借りて歌を詠むだけではなく、右の後ろ二例がそうだが、その歌に関連させて狭衣が愛した女性の一人である「飛鳥井の女君」を喩えて「道芝の露」と呼んで、物語を展開している。このように「風の前なる」や「道芝の露」に着目するだけでも、『和泉式部続集』『和泉式部日記』と『狭衣物語』との密接な関係を確認できるのである。

七、『狭衣物語』の二つの伝本の比較

前述のとおり、『狭衣物語』を教材とする場合に障害となるのは、この物語に多くの異本が存在していることである。どの古典作品も本文の異同はあるのだが、『狭衣物語』においてはそれが著しく、伝本間の異同は夥しい数に及んでいる。しかし、この伝本間の異同を逆手に取るかのように、古典の教材にしてしまおうとする意欲的な論文に岡田広氏の「古文の新しい授業スタイルを目指して〜『狭衣物語』の伝本の読み比べ〜」[17]がある。ここではその論文に示された方法を借用し、授業の中で伝本の読み比べを行うことで、どのようなことが見えてくるか、次に考えてみたい。場面は、狭衣の吹く笛の音に感応した天稚御子《あめわかみこ》が降臨するところである。

配付資料5

グループ⑤『狭衣物語』の二つの伝本の内容を比べよう。[18]

『狭衣物語』本文（A）＝第一系統本（新編日本古典文学全集『狭衣物語』①、四三〜四六頁）

宵過ぐるままに、笛の音いとど澄みのぼりて、雲のはたてまでもあやしう、そぞろ寒く、もの悲しきに、稲妻のたびたびして、雲のたたずまひ例ならぬを、神の鳴るべきにやと見ゆるを、星の光ども、月に異ならず輝きわたりつつ、御笛の同じ声に、さまざまの物の音ども空に聞こえて、楽の音いとおもしろし。帝、春宮を始めたてまつりて、いかなることぞ、とあさましう思しめし、騒がせたまふに、中将の君、もの心細くなりて、いたう惜しみたまふ笛の音をやや残すことなく、吹き澄まして、

（狭衣）　稲妻の光に行かん天の原遙かに渡せ雲のかけ橋（「物語二百番歌合」一九八に載る）

と、音の限り吹きたまへるは、げに、月の都の人もいかでか聞き驚かざらん。楽の声いとど近くなりて、紫の雲たなびくと見るに、天稚御子、角髪《みづら》結ひて、言ひ知らずをかしげに香ばしき童にて、ふと降りゐたまふと見るに、糸遊のやう

なる薄き衣を、中将の君にうち掛けたまふと見るに、我はこの世の事も覚えず、めでたき御有様もいみじうなつかしければ、この笛を吹く吹く帝の御前にさし寄りて、参らせたまふ。

（狭衣）　九重の雲の上まで昇りなば天つ空をや形見とはみん（「物語二百番歌合」一二〇に載る）

と申すままに、いみじくあはれと思ひたる気色ながら、この天稚御子に引き立てられて立ちなんとするを、帝、春宮も、何しに、かかる事せさせつらん、と悔しうて、笛をば取らで、手を捉へさせたまひて、いみじう泣かせたまへば、この御子もいと心苦しう思しわづらひたる気色にてうち泣きつつ、何事もこの世には余りたるに、笛の音さへ忍びがたさに迎へに降りたるを、かく十善の君の泣く泣く惜しみ悲しみたまへば、えひたすらに今宵率て昇らずなりぬる由、おもしろくめでたう文に作りたまひて、声は聞き知らずおもしろうて誦じたまへるに、中将うち泣きて、心よりほかに口惜しう、かかる絆《ほだし》どもに控へられたてまつりて、今宵御共に参らずなりぬる由を、えも言はず空をうち眺めて誦じたまへる御声、気色、世の人の言種に、「この世の人にはおはせず、天人の天降りたる」とのみ言ひ聞こえたる、今宵ぞまことなりけりと、あさましう御覧じける。天稚御子、うち泣きて、雲の輿にて昇らせたまひぬる名残、すべて現の事と思えず、空のけしき、引きかへつるやうなれど、御子の御薫ばかりは、なほ留まりたる心地しけり。

○『狭衣物語』の本文（B）＝流布本系伝本（新潮日本古典集成『狭衣物語　上』三一～三四頁）

宵過ぐるままに、雲のはたてまで響きのぼる心地するに、稲妻たびたびして、雲のたたずまひ例ならぬを、「雷《かみ》の鳴るべきにや」と見るほどに、空いたく晴れて、星の光月に異ならず輝きわたりつつ、この御笛の音の同じ声にさまざまの物の音ども空に聞こえて、楽の音いとおもしろし。帝、春宮をはじめたてまつりて、「いかなるぞ」とあさみ騒がせたまふに、中将の君もの心細くなりたまひて、いとど音の限り吹き澄ましたまへり。

（狭衣）　稲妻の光に行かむ天の原遙かに渡せ雲のかけ橋（「物語二百番歌合」一九八に載る）

と音の限り吹きたまへるは、げに、「月の都の人もいかでかはおどろかざらむ」とおぼゆるに、楽の声々いとど近うなりて、紫の雲たなびきわたると見ゆるに、鬢づら結ひて言ひ知らずをかしげなる童の、装束うるはしくしたる香ばしきもの、ふと降り来るままに、糸遊か何ぞと見ゆる薄き衣を、中将の君にうち掛けて袖を引きたまふに、我もいみじくもの心細くて、立ちとまるべき心地もせず、かうめでたき御有様のひき離れがたうて、笛を吹く吹くさそはれぬべき気色なるに、帝の御心騒がせたまひて、世の人の言種に、「この世のものにはあらず、天人の天降れるならむ」とのみ言ひ思ひたるは、げにこそはありけれ、大臣のかやうのことをたまさかにもせさせず、「月日の光にあてじ」とあやふく忌々しきものに思ひたるものを、この人をかく目に見す見す雲のはたてに迷はしては、我が御身もこの世に過ぐさせたまふべき御心地せさせたまはねば、涙もえとどめさせたまはず、いといみじき御気色にてひきとどめさせたまふを、かなしく見たてまつりたまふにも、まいて大臣、母宮など聞きたまはむことを思し出づるに、厭はしくおぼさるるこの世なれど、ふり棄てがたきにや、かかる御迎へのかたじけなさにひとへに思ひたてど、帝の袖をひかへて惜しみかなしみたまふ、親たちのかつ見るをだに飽かずうしろめたうおぼしたるを、行方なく聞きなしたまひて、むなしき空を形見とながめたまはむさまの悲しさに、このたびの御供に参るまじき由を、言ひ知らず悲しくおもしろく文作りて、笛を持ちながらすこし涙ぐみたまへる御顔は、天人のならびたまへるにもにほひ愛敬こよなくまさりて、めでたき御声して誦じたまへるに、天稚御子涙を流したまひて、かう何事にもこの世にすぐれたるにより誘ひつれど、ことわりにめでたうかなしき文の心ばへによりとどめつる口惜しさを作り交はして、雲の輿寄せて乗りたまひぬる名残の匂ひばかりとまりて、空の気色も変はりぬるを、「あさましなども世の常のことをこそ言へ。めづらかなり」と、見る限りは夢の心地したまひけり。

学習者は二つの伝本の比較において、次頁に示す対比表のような違いに「気付く」であろう。それを、さらに発展させ、それぞれの伝本における内容に特徴がないか、検討させたい。その検討において、(A)の伝本では、狭衣や天稚御子、帝に対する言及がおよそ等しくなされているが、(B)では帝に対する言及が少なく、それに代わって、狭衣の心中思惟として帝への思いに留まらず、狭衣の父母に対する思いまで表現されているという違いに「気付く」ことができれば見事である。

この検討を通じて、(A)の伝本において、帝に対する表現の傾斜が見られるのに対して、(B)の伝本では、むしろ狭衣への表現の傾斜が認められる、などの意見が出れば、頼もしいところである。この一場面だけで、伝本の特徴を確定することはできないが、今行ってきた伝本間の違いを蓄積し、それをもとに検討を加えることで、はじめて各伝本の特徴が確定されるという道筋についても学習者に伝えておきたい。

対比表

	第一系統本（A）	流布本（B）
①	二首の歌（「稲妻の…」「九重の…」）がある。（二首とも「物語二百番歌合」に採られる）	一首の歌（「稲妻の…」）のみ。
②	「天稚御子、角髪結ひて」と「天稚御子」が早めに明示される。	最終部まで「天稚御子」という表現は明示されない。
③	天上に狭衣を伴わない理由を、帝自らが引き留めた、とする。それを天稚御子は漢詩で詠む。	狭衣を伴わない理由を、狭衣の思いを漢詩から察したためとする。
④	「帝」を「十善の君」と表現している。	「十善の君」の表現はない。
⑤	狭衣の父母への思いは描かれず、「絆ども」に括られる。	狭衣の心中思惟には、帝と父母とを思う気持ちが表れる。
⑥	狭衣が漢詩を誦す姿を、世人の言う「『この世の人にはおはせず、天人の天降りたる』とのみ言ひ聞こえたる、今宵ぞまことなりけり」と、帝が御覧になる様子で描く。	狭衣が漢詩を誦す姿を「天人のならびたまへるにもにほひ愛敬こよなくまさりて、めでたき御声して」と描く。
⑦	見送りの様子は特に描かれない。	見送るのは、「見る限り」とあるので、そこにいる全ての人。

さらに、この活動を通じて学習者は、古典の場合、『狭衣物語』ほどではないにしても、どの古文にも多かれ少なかれ異同が存在し、その異同によって「読み」が変わることなどを学ぶことになるだろう。一般に、授業では伝本について触れない場合が多いが、一言しておきたいところである。

八、物語の現代的意味や意義を考える

ここでは『狭衣物語』から離れるが、『堤中納言物語』所収の「虫愛づる姫君」と『とりかへばや物語』に登場してもらおう。周知の如く、『とりかへばや物語』は『狭衣物語』とほぼ同時代に書かれたとされる古『とりかへばや』の改作で、平安末期から鎌倉初期の間に成立した作品である。この『とりかへばや物語』を『源氏物語』以

後の物語の一つとして取り上げ、「虫愛づる姫君」とともにその冒頭を材料に検討していこう。

配付資料6

グループ⑥「虫愛づる姫君」、『とりかへばや物語』の主人公の人物造型とその現代的意味や意義を考えよう。(19)

○『堤中納言物語』所収「虫愛づる姫君」の本文

蝶愛づる姫君の住みたまふかたはらに、按察使の大納言の御娘、心にくくなべてならぬ様に、親たちかしづきたまふこと限りなし。この姫君ののたまふこと、「人々の、花、蝶やと愛づるこそ、はかなくあやしけれ。人は、まことあり。本地たづねたるこそ、心ばへをかしけれ」とて、よろづの虫の、恐ろしげなるを取り集めて、「これが、成らむ様を見む」とて、さまざまなる籠箱《こばこ》どもに入れさせたまふ。中にも、「烏毛《かは》虫の、心深き様したるこそ心にくけれ」とて、明け暮れは、耳はさみをして、手のうらにそへふせて、まぼりたまふ。若き人々はおぢ惑ひければ、男の童の、ものおぢせず、いふかひなきを召し寄せて、箱の虫どもを取らせ、名を問ひ聞き、いま新しきには名をつけて、興じたまふ。「人はすべて、つくろふところあるは悪《わろ》し」とて、眉さらに抜きたまはず。歯黒め、「さらにうるさし、きたなし」とて、つけたまはず。いと白らかに笑みつつ、この虫どもを、朝《あした》夕べに愛したまふ。人々おぢわびて逃ぐれば、その御方は、いとあやしくなむののしりける。かくおづる人をば、「けしからず、ばうぞくなり」とて、いと眉黒にてなむ睨みたまひけるに、いとど心地なむ惑ひける。(『堤中納言物語』四〇七・四〇八頁)

○『とりかへばや物語』の本文

いつの頃にか、権大納言にて大将かけたまへる人、御容貌、身の才、心もちゐよりはじめて、人柄、世のおぼえもなべてならずものしたまへば、何事かは飽かぬことあるべき御身ならぬに、人知れぬ御心のうちのもの思はしさぞ、いと尽きせざりける。〈中略〉(権大納言と二人の妻との間に生まれた子は)大方はただ同じものと見ゆる御容貌の、若君はあてにかをり気高く、なまめかしき方添ひて見えたまひ、姫君は華々とほこりかに、見ても飽く世なく、あたりにもこぼれ散る愛敬などぞ、今より似るものなくものしたまひける。いづれもやうやう大人びたまふままに、若君はあさましうもの恥ぢをのみしたまひて、女房などにだに、少し御前遠きには見えたまふこともなく、父殿をもうとく恥づかしくのみ思して、やうやう御文習はし、さるべきことどもなど教へ聞こえたまへど、思しもかけず、ただいと恥づかしとのみ思して、御帳のうちにのみ埋もれ入りつつ、絵かき、雛《ひいな》遊び、貝覆ひなどしたまふを、殿はいとあさましきことに思しのたまはせて、常にさいなみたまへば、果て果ては涙をさへこぼして、あさましうつつましとのみ思しつつ、ただ母上、御乳母、さらぬはむげに小さき童などにぞ見えたまふ。さらぬ女房などの、御前へも参れば、御几帳にまつはれて、恥づかし、いみじとのみ思したるを、いとめづらかなることに思し嘆くに、また姫君は、今よりいとさがなくて、をさをさ内にもものしたまはず、外にのみつとおはして、若き男ども、童べなどと、鞠、小弓などをのみもて遊びたまふ。御出居《いでゐ》にも、人々参りて文作り、笛吹き、歌うたひなどするにも、走り出でたまひて、もろともに、人も教へ聞こえぬ琴、笛の音もいみじう吹きたて弾き鳴らしたまふ。ものうち誦じ歌うたひなどしたまふを、参りたまふ殿上人、上達部などは愛でうつくしみ聞こえつつ、かたへは教へ奉りて、この御腹のをば姫君と聞こえしは僻言《ひがごと》なりけりなどぞ、みな思ひ合へる。殿の見合ひたまへる折こそ取りとどめても隠したまへ、人々の参るには、殿の御装束などしたまふほど、まづ走り出でたまひて、かくなれ遊びたまへば、なかなかえ制し聞こえたまはねば、ただ若君とのみ思ひて、もて興じうつくしみ聞こえ合へるを、さ思はせてのみものしたまふ。御心のうちにぞ、いとあさましく、かへすがへす、とりかへばやと思されける。(『とりかへばや物語』一六五～一六八頁)

「虫愛づる姫君」は『堤中納言物語』の中でも一番よく知られる物語ではなかろうか。『とりかへばや物語』も氷室冴子の『ざ・ちぇんじ!』[20]やそれを原作にした山内直実の漫画『ざ・ちぇんじ!』[21]、さらに、さいとうちほの漫画『とりかえ・ばや』[22]があるので、高校生にも比較的よく知られている物語である。グループ発表の時には、両物語のあらすじを紹介する必要があろう。

ここでは、あらすじを踏まえて、それぞれに登場する主人公の人物造型について検討する。主人公の虫愛づる姫君は、平安時代の物語に登場する姫君や女性たちとはまったく異なる人物造型であることに学習者は「気付く」ことであろう。毛虫をこよなく愛し、「人はすべて、つくろふところあるは悪し」と考え、当時の女性が行っていた、眉毛を抜き眉墨で眉を綺麗に描き、さらに鉄漿《かね》で歯を染めるお歯黒もせず、真珠のような真っ白な歯を輝かせている姫君である。両親は当時の常識から外れた姫を諭すが、姫君はそれに耳を貸さず、毛虫に興じている。このような姫君は、それまでの物語には登場しない、いわば新たな主人公の登場と言えよう。学習者もこの姫君に共感するのではなかろうか。

『とりかへばや物語』では、二人の女性から生まれた瓜二つのきょうだいが主人公である。若君は極度の恥ずかしがり屋で、当時の女子の遊びである「絵かき」や「雛遊び」、「貝覆ひ」を好んだ。一方の姫君は極めて活発で、蹴鞠や「小弓」という男子の遊びを好み、父のもとを訪れる貴族たちに交じって、当時男性の学問や技芸と考えられていた詩歌を作り琴や笛を演奏した。このことから、貴族たちはこの姫君を男子だと考えていた。このように作者は物語の冒頭で主人公のきょうだいを造型するのである。父の権大納言は男女の性が逆転したかのような二人の子が悩みの種であり、そのため「とりかへばや」と考えていたというわけである。物語の後半では、この二人が本来の性にもどり、若君は関白左大臣に昇進し、姫君は国母となり栄華を極めるという展開となるが、この物語の冒頭で示された二人の主人公の人物造型は、これを読む現代人に看過できない問題を突きつけるのではなかろうか。すなわち、「男は男らしく」「女は女らしく」という言葉が残存する社会、「ジェンダーの平等」などと叫ばれながら、必ずしもそれが実現できていない社会の中で生きている我々に対して、旧弊を見直すことを迫る内容を提示して見せているようにも思える。また、それと多分に関係するのだが、「虫愛づる姫君」では、姫君は「人はすべて、つくろふところあるは悪し」と自身の信念を言い放っているし、『とりかへばや物語』では、のち宰相中将の子を宇治で出産した姫君が、その地に残り母として子を養育するか、子を宇治に残して、本来の性に戻った若君とともに上京するかの選択に迫られた時、姫君は我が子を宇治に残して上京する道を選択するという明確な意志を示し行動したのである。このように両物語に登場する主人公たちは、河合隼雄の言う「意志する女性[23]」として描かれている、ということも指導者が補足したいところである。この補足を踏まえたうえで、学習者が、虫愛づる姫君と、

『とりかへばや物語』冒頭に見える二人のきょうだいをどのように考えるか、また、これらを主人公とする『源氏物語』以後の物語をどのように評価するか、発表を楽しみにしたいところである。

九、おわりに

紙幅の都合で、小論文については詳細には触れられないが、各グループが発表した内容や、それについて自分自身で考えたことを総動員して、「『源氏物語』以後の物語の価値を評価する」というテーマで書くことになる。したがって、『源氏物語』以後の物語に対する単なる感想ではなく、自分なりに価値判断をして、それを結論として書かなければならない。そのためには、本文を引用したり、各グループが発表した事柄を根拠にしたりしながら書くことが求められるであろう。その結果、根拠を挙げて、従来考えられていたように『源氏物語』の亜流にすぎず、価値は乏しい、と結論付けてもよいし、逆に、根拠を挙げながら価値あるものとする結論を導いてもよいわけである。この作文を通じて、自分自身の考えを八〇〇字程度に定着させることに重きをおく活動としたい。

ここまで、『狭衣物語』やそれに関連する『源氏物語』以後の物語などを用いた授業構築について縷々述べてきた。ここで目指したものは、「思考力・判断力・表現力等」の育成であった。とは言っても、この学力が一つの単元を学ぶことだけで育成されるものだとは思っていないし、国語科の全授業、いや他の教科における学習をも総動員して行わなければならないことであること、それでも短時日では育成されるものではないことも承知している。しかし、科目「古典探究」が今般の学習指導要領改訂のキーワードである「探究」の名を負っているからには、「思考力・判断力・表現力等」の育成に果敢に挑戦しなければならないと考えて、如上の授業案を提案したのである。これが実践されれば、学習者はグループで発表するために、提示された資料をもとにそこから有益な情報を読み取ろうとするだろうし、読み取った情報を組織化し、発表を説得性の高いものにするために大いに議論することであろう。当然、議論するためには思考し、判断し、自分の考えを確定する必要が出てくる。さらに、議論したり発表したり、小論文を書くという表現活動を通じて、表現力を少しずつ磨いていくのではなかろうか。また、発表を他者から評価されることは、自分たちが発表した内容や結論が有効なものであったかどうか、再考を迫られることになる。そして、再考するために、ある者は再び資料に向き合うかもしれないし、またある者は配付された資料以外の有益な情報を手に入れようとして、物語の別の部分や先行研究の書籍や論文に目を通すかもしれない。その上で、再度グループ内の議論に臨むことによって、新たな結論を導き出すかもしれないのだ。こうした学習者の連続的な学びの呼び水になれないものかとも考え、今回の提案となったのである。

一方で、今回の授業案に決定的な欠陥があることも承知している。というのは、「探究」とは自ら問題と思うこと、課題と考えることを自分自身で発見し、それに関わる「問い」を自ら立てることから出発し、その「解」を得るために情報を集め、情報を組織化し、自らの「解」を導き出すことを指すのであろう。そうであるとすれば、今回のように指導者から提示された「問い」から出発するのは、本来の「探究」ではないのであって、模擬的「探究」にすぎないと言うべきかもしれない。しかし、今回のものが本来の「探究」には当たらないにせよ、学習者が前掲の活動を行うことによって、思考をめぐらし、時に判断し、表現することができたとすれば、「思考力・判断力・表現力等」の育成を目指して小さな一歩を踏み出せたとも言えるのではなかろうか。

最後に、今回の提案が、学習者の「自分と自分を取り巻く社会にとっての古典の意義や価値について探究する資質・能力の育成」に繋がる授業案として活用されることを願って筆を擱くこととする。

■注■

（1）文部科学省『高等学校学習指導要領（平成三〇年三月告示）解説　国語編』（東洋館出版社、二〇一九年）一九頁による。また、「中央教育審議会答申」には、「古典を主体的に読み深めることを通して、自分と自分を取り巻く社会にとっての古典の意義や価値について探究する科目として、主に古文・漢文を教材に、『伝統的な言語文化に関する理解』を深めることを重視するとともに、『思考力・判断力・表現力等』を育成する。」（『中央教育審議会答申　全文と読み解き解説』（明治図書出版、二〇一七年、一二三頁）とある。

（2）文部科学省『高等学校学習指導要領（平成三〇年三月告示）』（東山書房、二〇一九年）四五・四六頁による。

（3）注1に同じ。二五一頁による。

（4）一例を挙げれば、東京書籍版『精選古典探究　古文編』（二〇二三年版）には、『堤中納言物語』『とりかへばや物語』、同『精選古典B　古文編』（二〇一八年版）には、『堤中納言物語』『夜の寝覚』がそれぞれ採られている。

（5）桑原博史『無名草子』（新潮日本古典集成、新潮社、一九七八年）五八頁による。

（6）グループ①の活動を行うに際し、学習者に活動内容や手順などを示すのもよい。例えば、①『源氏物語』以前の物語の書き出しにはどのような特徴があるか考える。②それに対して、『源氏物語』の書き出しにはどのような作者の意図があったと思われるか想像する。③以上のことを踏まえて『狭衣物語』の書き出しはどのようになされ、そこには作者のどのような意図があったと思われるか考える、などと示す。

（7）小町谷照彦ほか『狭衣物語①』（新編日本古典文学全集、小学館、一九九九年）一七頁により、一部漢字を当てた。他に本文を引用した『和漢朗詠集』（菅野禮行）、『源氏物語』（阿部秋生ほか）、『竹取物語』（片桐洋一ほか）、『伊勢物語』（福井貞助）、『うつほ物語』（中野幸一）、『落窪物語』（三谷栄一ほか）、『堤中納言物語』（三谷栄一ほか）、『枕草子』（松尾聰ほか）、『和泉式部日記』（藤岡忠美）はいずれも新編日本古典文学全集本（小学館）を用い、引用頁を示した。また、勅撰集、私家集の和歌は、『新編国歌大観』（日本文学Ｗｅｂ図書館、二〇二二年一一月版）から引用し、一部漢字を当てた。

（8）【現代語訳】は筆者による。他の箇所も【現代語訳】を掲出すべきであるが、紙幅の関係から割愛した。

（9）注6と同様に、①それぞれの物語の季節と時間、天候を確認する。②『狭衣物語』は『源氏物語』をどのように踏まえているか考える。③両物語を比較して他に気付いたことはないか検討する、などと示す。

(10) 玉上琢彌『紫明抄・河海抄』(角川書店、一九六八年) 八六頁による。
(11) 阿部秋生ほか『源氏物語②』(新編日本古典文学全集、小学館、一九九五年) 四九〇頁・頭注六による。
(12) 注6と同様に、①『枕草子』の「正月一日は」の段の全文(現代語訳でも可)を読み、どのような行事が記されているか調べる。②『狭衣物語』『枕草子』に登場する人物を確認する。③両作品の共通点と相違点を検討する、などと示す。
(13) 土岐武治「狭衣物語に及ぼせる枕草子の影響」(『平安文学研究』一九六五年六月) などによる。
(14) 吉田幸一「狭衣物語冒頭の一考察—和泉式部日記冒頭や源氏物語胡蝶巻との関係—」(『文学論叢』、一九五七年一二月) は『和泉式部日記』の冒頭が『狭衣物語』の冒頭に影響を与えたとする。
(15) 福井照之「和泉式部日記の冒頭と狭衣物語」(『学苑』、一九六一年七月) は、注14の吉田幸一の影響説を否定する。
(16) 注6と同様に、①『和泉式部続集』の二首の歌を現代語訳する。②共通する表現を見つける。③その表現がどのような場面で用いられ、どのような働きをしているか検討する、などと示す。
(17) 茨城県立中央高等学校研究紀要『Métier』(二〇二〇五月) 所収。五三~五九頁による。
(18) 注6と同様に、①現代語訳等で二つの伝本の内容を確認する。②異なる点を挙げ、対比表を作成する。③対比表をもとに各伝本にどのような特性があるか検討する、などと示す。
(19) 注6と同様に、①現代語訳等で、内容を確認する。②各物語の主人公の人物造型について考える。③両物語の現代的意味や意義について検討する、などと示す。
(20) 氷室冴子『ざ・ちぇんじ！ 新釈とりかえばや物語』集英社、一九八三~一九八五年
(21) 山内直実『ざ・ちぇんじ！』1・2 白泉社、一九九九年
(22) さいとう・ちほ『とりかえ・ばや』1~13 小学館、二〇一三~二〇一八年
(23) 河合隼雄『とりかへばや、男と女』(新潮社、一九九一年) 二三二頁による。

第三章

国語科の授業構築と教材開発の可能性
——「日本漢文」を中心として——

林　教子

一、はじめに

平成三〇年に告示された「高等学校学習指導要領　国語」[1]では、「中央教育審議会答申（平成二八年一二月）」を受けて、「古典に対する学習意欲が低いこと」等を課題として挙げている。[2]これを踏まえて、国語科では必履修科目を「現代の国語」と「言語文化」に分ける等の大幅な科目改変が行われた。漢文教育に関しては、必履修科目である「言語文化」で扱う教材に「日本漢文」[4]を含むよう明示されたことが大きな変化である。[3]従前、「日本漢文」は選択科目である「古典Ａ」・「古典Ｂ」で扱うことが必須となっていたが、必履修科目の「国語総合」での規定はなかった。それが今次、「言語文化」の教材として〝必修化〟したのは、「日本漢文」が日本の言語文化を学習する上で不可欠とされたからである。

ところが、同「中央教育審議会答申」では、高校生の「古典嫌い」が課題として挙げられた。特に「漢文嫌い」

の主な理由は、「そもそも、学ぶ意義が分からない」というものだった。これは教える側にとっても重い問いである。事実、筆者を含め、外国の古典である漢文を、なぜ、国語でやらなければならないのか自問自答を繰り返している教師は多い。「日本漢文」の〝必修化〟によって、生徒と教師の双方が持っている漢文は外国の古典という意識は薄れるだろうか。漢文が日常の言語生活で必要なスキルだった時代と現代とでは、事情は全く異なる。この疑問が解消されないまま、〝不慣れ〟な「日本漢文」を扱えば、それは負担増でしかない。今次改訂で「古典嫌い」を見直すはずであったが、逆効果になることが懸念される。

二、教材とその扱い方に関する問題意識

「言語文化」や「古典探究」をはじめ新設科目はどんな科目で、何をどう扱うのか。科目改変に伴い、当然、どの科目にどんな教材が採録されるかにも関心が集まる。各科目で用いる教材は、その科目の育成する資質・能力[5]に資するかどうかに依る。授業では、それらの教材をどう扱うかが重要になってくる。

ところが、「言語文化」と「古典探究」に採録された教材は従前と大きく変わっていない。つまり、同様の教材で、新科目の授業を行うということである。そのため、新科目に則した教材研究や教材開発が課題となってくる。

そこで、「日本漢文」を対象として、実際の採録状況や内容の扱い方の傾向を分析し、授業計画や教材開発の可能性を検討してみたい。これらを通して「漢文学習は必要か」という問いや、「何をどう扱って、どんな力をつけるのか」という問題意識に対して具体的に提案したいと考える。

三、「言語文化」と「古典探究」の特色

㈠「言語文化」の特色

まず、初めに「言語文化」がどのような科目なのか、「学習指導要領」に基づいて見ていきたい。この科目の目標は、「生涯にわたる社会生活に必要な国語の知識や技能を身に付けること」と「我が国の言語文化に対する理解を深めること」（「目標」⑴）である。「言語文化」という科目名が示すように、上代から近現代に受け継がれてきた言語文化への理解を深めることに主眼が置かれている。漢文学習では、主として中国古典作品を扱うだけではなく、日本人がそれらをどのように受容し、独自の文化（「日本漢文」も含む）として発展させてきたかを学ぶのである。

教材の扱い方は次のとおりである。（傍線は筆者による。以下同じ）

内容の〔思考力、判断力、表現力等〕の「B読むこと」の教材は、古典及び近代以降の文章とし、日本漢文、近代以降の文語文や漢詩文などを含めるとともに、我が国の言語文化への理解を深める学習に資するよう、我が国の伝統と文化や古典に関連する近代以降の文章を取り上げること。また、必要に応じて、伝承や伝統芸能などに関する音声や画像資料を用いることができること。（「内容の取扱い」の⑷のア）

ここでは、漢文教材に関して、「日本漢文」と共に「近代以降の漢詩文」を含めることも求めている。つまり、近世以前のいわゆる古典の範疇である「日本漢文」に加えて、明治以降に日本人によって作られた漢詩や漢文も含めるということだ。なぜ、「近代以降の漢詩文」を取り立てて示したのか。これについては後ほど言及する。

（二）「古典探究」の特色

次に、「古典探究」について見ていく。「古典探究」は、「言語文化」で育成された資質・能力のうち、「伝統的な言語文化に関する理解」をより深めるため、いわゆる古典の範疇の学習を対象とした科目である。これも科目名が示すように、古典を「探究」することによって、生徒自身が主体的に古典を学ぶことに主眼が置かれている。どのような教材を取り扱うかについては次のとおりである。

内容の〔思考力、判断力、表現力等〕の「A読むこと」の教材は、古典としての古文及び漢文とし、日本漢文を含めるとともに、論理的に考える力を伸ばすよう、古典における論理的な文章を取り上げること。また、必要に応じて、近代以降の文語文や漢詩文、古典についての評論文などを用いることができること。（「内容の取扱い」の(3)のア）

「古典探究」では、新たに「古典における論理的な文章を取り上げること」を求め、教材として「古文の歌論や俳論などの評論、漢文の思想など[6]」を例示している。実際にどのような作品が教科書に採られているかは次節で示すが、歴代の学者による注釈（割注や頭注等も含む）を比較読みすることも、論理的思考力の育成には有効だと考える。この点も、後ほど授業計画等で示したい。

四、「言語文化」と「古典探究」の採録教材

（一）「言語文化」の採録教材

ここで、「言語文化」の具体的な採録教材を見ていきたい。中国古典作品を含める全体の傾向としては、そのほとんどが従前の共通必履修科目「国語総合」及び選択科目「古典A」・「古典B」の採録作品と重複していると言え

る。「日本漢文」の採録状況を見ても、従前の選択科目で扱われていた作品が多い。

ここで、実際の主な採録作品を、採録数の多い順に示しながら概観する。まずは中国古典を含めた全漢文教材を示すと次のようになる。（調査対象は、二〇二二（令和四）年度から使用開始された全ての「言語文化」の教科書（全九社一七点）[7]である。）

〈「言語文化」中国古典作品を含めた全漢文教材・作者別順位と主な採録作品〉

一位　（孔子）　一八六点　「論語」（※ただし、孔子は作者ではないため括弧書きとする）
二位　曽先之　三四点　「十八史略」
三位　杜甫　二七点　「春望」「月夜」
四位　李白　二五点　「静夜思」「黄鶴楼送孟浩然之広陵」
五位　劉向　二〇点　「借虎威」「蛇足」
六位　王維　一六点　「送元二使安西」「鹿柴」
七位　白居易　一三点　「香炉峰下新卜山居草堂初成偶題東壁」「八月十五日夜、禁中独直、対月憶元九」
八位　柳宗元　一二点　「江雪」「黔之驢」
九位　孟浩然「春暁」「過故人荘」、杜牧「山行」「江南春」　一一点
一一位　韓愈「雑説」、王翰「涼州詞」　九点

今次改訂で「日本漢文」の教材化が求められたものの、上位に日本人は一人もあがっていない。「言語文化」の漢文教材の多くが、従前のものを引き継いだ形で採録されているのだから当然の結果なのだが、漢文の授業といえば中国古典作品を学ぶ場であったことが再認識される。

では、「日本漢文」に限定すればどうなるのか。同じく二〇二二（令和四）年四月から使用開始された「言語文

化」の教科書では、二七点ほどの「日本漢文」が見られる。これらも採録数の多い順に作者を示し主な作品を付す。

〈「言語文化」　日本漢文教材・作者別順位〉

一位	菅原道真	七点	「不出門」「読家書」「謫居春雪」
二位	頼山陽	六点	「信玄と謙信」（『日本外史』）
	夏目漱石	六点	「題自画」（一部新規[8]）「春日偶成」
四位	広瀬淡窓	五点	「桂林荘雑詠」
五位	菅茶山	五点	「冬夜読書」
	正岡子規	四点	「送夏目漱石之伊予」
	原念斎	四点	「野中兼山」
	中野逍遥	四点	新規　「道情」

以下、貝原益軒・石川丈山・荻生徂徠・月性など

新規に採録されたのは、中野逍遥の「道情」や、夏目漱石「題自画」（大正元年一一月）等ごく少数で、それ以外は、従前の選択科目と重複する。しかし、直近「国語総合」採録の「日本漢文」は「兼山遠慮」（原念斎『先哲叢談』[9]）のみであったので、今回「言語文化」で約二七点が採られたことは今次改訂がもたらした変化と言える。

(二)「古典探究」の採録教材

次に、「古典探究」における漢文教材の採録状況を見ていきたい。「古典探究」教科書には、中国古典を含めた漢文教材が一、一六二点ほど採録されている。そのほとんどが、従前の「古典Ａ」「古典Ｂ」の採録教材と重複[10]し、その大半を占めるのは中国古典作品である。首位は司馬遷の『史記』（約一一四点）で、第二位は「老子」（四四点）、

第三位は李白の詩と曽先之の『十八史略』（いずれも三九点）と続く。
「古典探究」で特徴的なのは、「言語文化」では採録がなかった司馬遷の『史記』が首位となり、曽先之の『十八史略』が三位になるという逆転現象が生じることである。これは、日本において『十八史略』が伝統的に初学者の入門書として広く読まれていたことと関連している。その一方で、本家の中国では『十八史略』の評価はそれほど高くはなく、教科書教材としてもほとんど採られていない。初学者向けの教材として『十八史略』が活用されてきたことは、日本における漢文教育の独自性の一つと言えよう。

次に、「日本漢文」に限定して見ていく。ここでは一一一点ほどの採録が見られた。これらについても作者別に順位を示す。（後述「授業計画」で言及する作品や、新規の作品等には採録数も付した。）

〈「古典探究」日本漢文教材の採録状況〉

一位　頼山陽　一七点『日本外史』
二位　菅原道真　一二点「不出門」五点、「聞旅雁」「読家書」一点、「自詠」など、いずれも『菅家後集』より
三位　夏目漱石　一〇点「題自画」五点、「無題」など
四位　正岡子規　八点「送夏目漱石之伊予」
五位　菅茶山　三点「冬夜読書」
　　　藤原公任　三点『和漢朗詠集』
　　　（中島敦　三点「山月記」、「弟子」）（※ただし、「山月記」、「弟子」は「日本漢文」ではないため括弧書きとする）
八位　紀淑望（「真名序」）・絶海中津・義堂周信・荻生徂徠・広瀬淡窓　二点
以下、大江朝綱・貝原益軒・新井白石・服部南郭「夜下墨水」・大沼枕山・江馬細香「夏夜」・中野逍遥「思君」等

一位は頼山陽だが、二位の菅原道真の漢詩は、古文『大鏡』(「左大臣時平」)に「九月十日」と「不出門」(第五・六句)が見える。これらを含めると二五点ほどになる。新規で採録された作者は、紀淑望、藤原公任、大江朝綱、江馬細香などである。紀淑望は『古今和歌集』(「真名序」)の作者として二社二点の教科書に採録されており、同和歌集「仮名序」と共に、『詩経』(「大序」)との読み比べ教材として扱われている。読み比べ教材として漢詩が初めて採録されたという点では藤原公任と大江朝綱も同様で、両者とも『和漢朗詠集』を読む単元に載る。また、江馬細香の「夏夜」が採録されているが、女性の漢詩が採録されたのは、中国古典作品を含めても初のことだと思われる。

五、「言語文化」と「古典探究」の教材研究としての作品分析

(一) 教材の扱い方

本節では、改訂「学習指導要領」を実践するために、授業では教材をどのように扱えばよいかを、科目の性格に照らしながら検討する。

今次改訂では、従前同様、日本文化と外国の文化、とりわけ中国との関係について理解を深めることを重視している。特に今次は、前述のように「言語文化」でも「日本漢文」を扱うことを求め、日本の言語文化における中国との関係について理解の深化を図る。中国文化が日本文化に多大な影響を与えたという点は誰もが認めるところだが、では、実際、どのような影響なのかは漠然とし過ぎていてイメージを持ちにくい。高校生にとっては、なおさらである。そのため、「日本漢文」の作品が、具体的に、いつ頃、誰によって、どのような歴史的・文化的背景下で作られたのかを知るのが効果的だろう。日本人は、中国古典作品をただ受け入れただけではなく、日本独自の文

化として発展させてきた。その過程で「日本漢文」は、中国古典作品と日本文学を繋ぐ存在であったと言えよう。それゆえに、中国文化が日本文化に与えた影響を理解するには「日本漢文」が必要となるのである。

ここで問題となるのは、従前の選択科目と同様の教材や、「言語文化」と「古典探究」で共通している教材の扱い方である。前掲の採録教材を見ると、菅原道真の「不出門」や夏目漱石の「題自画」がそれに当たる。そこで次に道真の「不出門」取りあげ、各科目でどのように扱えばよいかを検討し、それに基づく授業計画の一案を示したい。

(二) 道真「不出門」

現存最古の歌集といえば『万葉集』(奈良時代末頃成立)だが、これは和歌の集としては現存最古ということである。これ以前、既に公的な漢詩集である『懐風藻』(七五一年)が編まれた。平安時代初期には初の勅撰漢詩集、『凌雲集』(八一四年)が編纂され、引き続き『文華秀麗集』(八一八年)・『経国集』(八二七年)が編まれる。

このように、日本では和歌が盛んになる前に漢詩の隆盛が見られた。初期の漢詩は大陸からもたらされた漢詩の模倣であったろうが、次第に独自性を発揮していく。日本人が漢詩を作る際には、日本文である書き下し文の調子を重視する。しかしその一方で、和習(倭臭)を嫌い音韻や平仄にも拘る。これは日本漢詩の独自性の一つである。さらに、日本漢詩人は中国詩人の生き方や人生観に共感し、それを理想とし、その詩になぞらえて自身の心情を表現してきた。菅原道真は、日本漢詩人としてその代表的な存在と言える。ここで、取りあげる「不出門」は、私撰漢詩集『菅家後集』に収録されている。(因みに、その他の教科書採録教材も全て『菅家後集』の収録作品である。)以下でこの漢詩を研究するに当たっては、教材研究に資するという観点に立ち、授業で生徒にどう示すかを念頭に置いて諸説の異同や作品の背景等を分析していく。

まずは、「言語文化」の教科書での本文[11]の扱い方を示す。（実際の本文はこれに訓点が付されている。）

不出門　　菅原道真

一従謫落在柴荊　　万死兢兢跼蹐情
都府楼纔看瓦色　　観音寺只聴鐘声
中懐好逐孤雲去　　外物相逢満月迎
此地雖身無検繋　　何為寸歩出門行

教科書の訓点に従って書き下し文にすると次のようになる。

〔書き下し文〕

一たび謫落《たくらく》せられてより柴荊《さいけい》に在りて　　万死兢《きやう》兢《きやう》たり　跼蹐《きよくせき》の情
都府楼は纔《わづ》かに瓦《かはら》の色を看る　　観音寺は只《た》だ鐘の声を聴くのみ
中懐は好《よ》し逐《お》はん孤雲の去るを　　外物は相逢《あ》はん　満月の迎ふるに
此の地　身の検繋《けんけい》せらるること無しと雖も　　何為れぞ寸歩も門を出でて行かんや

なお、「古典探究」では、二社五点が同「不出門」を採録しているが、これらもほぼ同様の訓点を付している。

作品分析をする中で、特に注目すべきは、第五句・第六句（頸聯）である。律詩では原則として対句を成すこの頸聯については、古くからさまざまな訓読と解釈が行われてきた。そこで、生徒が比較的手に取り易く、かつ、ある程度評価が定まっている注釈書である、日本古典文学大系『菅家文草・菅家後集』と新釈漢文大系『日本漢詩』の訓みと解釈を取り上げ、教科書とこれら二点の注釈書を中心に比較・検討してみたい。さらに、補足資料として関連する諸説にも言及して理解の深化を図る。

㈢ 第五句・第六句の訓と解釈の比較・検討

まずは、「言語文化」と「古典探究」の教科書本文での扱いを示す。

○ A「言語文化」の教科書　二〇二二年一月発行

〈第五句〉「中懐は好《よ》し逐《お》はん孤雲の去るを」

〈第六句〉「外物は相逢《あ》はん満月の迎ふるに」

教科書には通釈はなく、脚注に「中懐：胸中の思い。」「好：さあ～しよう。」を示す。

「古典探究」の教科書では同じ発行者は同じ訓点と脚注を付しているため、これらをB・Cの二つに分けて示す。

○ B「古典探究」の教科書⑿　二〇二二年三月検定済

〈第五句〉「中懐は好《よ》し孤雲の去るを逐《お》ひ」（脚注「中懐：胸中の思い。」「好逐：追うとしよう。」）

〈第六句〉「外物は満月の迎ふるに相逢はん」（脚注なし）

○ C「古典探究」の教科書⒀　二〇二二年三月検定済

〈第五句〉「中懐は好《よ》し逐《お》はん孤雲の去るを」（脚注「中懐：胸中の思い。」「好：さあ～しよう。」）

〈第六句〉「外物は相逢《あ》はん満月の迎ふるに」（脚注「外物：外側の世界」）

次に、日本古典文学大系『菅家文草・菅家後集』（D）と、新釈漢文大系『日本漢詩』（E）の訓みと解釈、及び着目したい語釈等を示す。

○ D日本古典文学大系『菅家文草　菅家後集』⒁　一九六七年

〈第五句〉「中懐は好《ことむな》し孤雲に逐《したが》ひて去る」

（精神の内部はちぎれ雲とともにみんな去って行ってしまって、空虚である。ままよ、それでいい）

〈第六句〉「外物は相逢ひて満月ぞ迎ふる」

（しかし我をめぐる外側の世界は規則正しくめぐりあって、満月を迎えるのだ。）

○　E新釈漢文大系『日本漢詩　上』(15)　一九七二年

〈第五句〉「中懐好《よ》し孤雲を逐《お》うて去るに、」

（胸中は常に空飛ぶ孤雲を逐うて去るが如く、浮世のことは一切忘却し、）

【語釈】

＊好：いざ。ままよ。「どうなろうとも、それでよし」という程の意味。＊逐孤雲去：ちぎれ雲のあてもなく流れゆくのを追いかけてゆく。「一身がもはや孤雲の如く寄るべもないが、ままよどうなろうとも」と、あきらめの境地。焦燥感もなく心の落ちついている状態。陶淵明「詠貧士」詩の「万族各有託。孤雲独無依」にもとづいたか。（中略）以下、「意境相似たものである。」として、李白「独坐敬亭山」の「衆鳥高飛尽。孤雲独去閒」、杜甫「西閣」詩の「百鳥各相命。孤雲無自心」の句を挙げる。

〈第六句〉「外物相逢《あひあ》うて満月迎ふ。」

（外部に対してはつとめて円満に、満月の如き心をもって応接し、不平の念を一掃したいと思っている。）

この書の【余説】では、D日本古典文学大系『菅家文草　菅家後集』に対し、「中懐・外物の一聯を解して、『精神の内部はちぎれ雲とともにみな去って行ってしまって、空虚である。ままよそれでよい。しかし我をめぐる外側の世界は規則正しくめぐりあって、満月を迎えるのだ』とあるのは、いかが。」と疑問を呈している。その一方で、「簡野道明氏の『胸中の懐は空飛ぶ孤雲を逐うて去り、万物は不平の念を起こさざらんとす』（和漢名詩類選評釈）の所説は明快である。」と賛同する。そこで、『和漢名詩類選評釈』(16)をFとして示す。

○　F『和漢名詩類選評釈』一九一四年

〈第五句〉「中懐好《よ》し孤雲を逐《お》うて去り、」

（胸中の懐は空飛ぶ孤雲を逐うて去り、）

〈第六句〉「外物相逢うて満月迎ふ。」

（萬物に相逢ふには満月の如く圓満なる心を以て之れを迎へ、つとめて不平の念を起こさざらんとす。）

参考までに、伝統的な訓みを尊重しつつも、一般的な読者にも分かりやすい訓読を目指したとしている『王朝漢詩選』[17]をGとして示す。

○　G『王朝漢詩選』一九八七年

〈第五句〉「中懐好く逐ひ　孤雲去り、」（心の中はひとひらのちぎれ雲が去ってしまったようにそれを追って何のわだかまりも残らぬほどよい状態であり、）

〈第六句〉「外物相逢ひ　満月迎ふ」（心のそとにある物象の世界はよくかみあって月が満ちるとそのまま満月を迎えるといった状態である。）

【語釈】＊中懐：刊本[18]「中懐好〜孤雲」（中懐好シ孤雲ヲ逐テ去ル）と訓み、理解しやすいが、次の対句を考慮して、訓読を改めてみた。

以上を、教科書教材という観点から比較・分析していくことにする。まずは、訓読法であるが、「言語文化」の教科書では、第五句・第六句（頸聯）を対句が明確に分かる訓読をしている。これはG『王朝漢詩選』と同じである。頸聯が対をなすのは律詩の原則であるから、共通必履修科目の訓読として妥当である。「古典探究」の教科書B・Cは、書き下し文を倒置法で表現しているか否かで語順は異なるが、いずれも「言語文化」の教科書とほぼ同じ考え方に立って訓読している。

ここで注目されるのは、D日本古典文学大系『菅家文草・菅家後集』の「好」の訓み方で、これを「ことむなし」とするのはDだけである。一般的な漢和辞典や、大漢和辞典（大修館書店）のような大型の漢和辞典で引いても「好」を「ことむなし」とする訓は記載されていない。そこで、『角川 大字源[19]』を引くと、古訓 の 中古 に「アソブ・カホヨシ・コトムナシ・コノム・ソビヤカ・タクマシ・ツキム・ハナハダ・メズラシ・ヨシ・ヨシビ・ヨミス・ヲウナ」と、中古の古訓として「コトムナシ」を載せる。この漢和辞典は古訓を中古・中世・近世の時代別に載せており、歴代の古訓を調べるのに適した辞典である。また、『学研 漢和大字典[20]』は『類聚名義抄（観智院本）の訓として「ことむなし」を挙げる。この辞典では『新撰字鏡』『倭名類聚抄』『類聚名義抄（観智院本・図書寮本）』の漢字の訓を見ることができる。

では、「コトムナシ」の意味する所は何か。菅野禮行（一九九二年）[21]は、中田祝夫の説を引いて、「『コトム（ン）ナシ』は、『事も無し』の轉で、字書的な意味は『何事もない。無事である』の謂である。この古訓は（中略）菅家相承の訓であろうと推定される。」と説く。D日本古典文学大系『菅家文草・菅家後集』も、中田説を踏まえて「好」を「ことむなし」と訓み、「ままよ、それでいい」の意としているのであろう。

以上を踏まえて、授業における第五句・第六句の訓読をまとめる。

○「好」の訓み

「好」を「ことむなし」と訓み「ままよ、それでいい」、つまり、「（心の中は孤雲を追って去っていったので、何も残っておらず空虚だが）それならそれでよし。」とした場合、生徒は「ことむなし」の音から「むなしい」を連想し、「事 虚《むな》し」と誤解する恐れがある。そのため授業では、注釈書や古訓を載せる漢和辞典にはこのような訓みがあることを確認する程度にとどめ、教科書に従って「好《よ》し」と訓む。

○　対句
入門期のため対句を明確にしながら調子を整える訓み方が適切であると判断し、教科書通りの訓読を採る。注釈書ではより自然な日本文を目指し、または、解釈と訓みを合致させるため、訓読を工夫していることを確認する。

次に解釈について検討していく。第五句に関しては、D～Fの注釈書はどれもほぼ同じ解釈で、道真の心の内は、何のわだかまりもなく穏やかで静かな状態としている。教科書では「好逐：追うとしよう。」や「好：さあ～しよう。」と脚注を付して、より積極的に良い状態にしようとしていることを確認する。

では、第六句はどうか。前述のように、D日本古典文学大系の解釈に対して、E新釈漢文大系が、疑問を呈しているように大きく二つに分かれる。E説は、F『和漢名詩類選評釈』に賛同しているので、この二つは同じ立場である。G『王朝漢詩選』はD説に近いだろう。教科書では「古典探究」に「外物：外側の世界」と示すのみである。教師用指導書の内容と合わせて、別途検討する必要があるだろう。

以上を踏まえて、授業における第五句・第六句の解釈をまとめる。
○　第五句
全てほぼ同じ解釈を示している。よって、これらを踏まえて、道真の胸中の思いは、孤雲が流されて去るのを追いかけて行ってしまったので、何のわだかまりもない状態と解しておく。
○　第六句
訓読と合致した解釈がよいと判断し、D・G説によって「（私の胸中の思いに対して）私の外側の世界は、（私の心とは関係無く、規則正しく暦通りに）巡って来て、満月の夜を迎えるのだ」のように解釈しておく。道真は、流謫の身であっても、満月の今宵のように心穏やかに過ごす時もあるのだと詠んでいると捉える。

(四) 通釈の検討

最後に、詩全体を整理して、授業で生徒と共有する通釈を検討する。

まず、首聯は「万死：一万回も死刑になるほど罪が重いこと。」「兢兢：びくびくする、恐れ慎むこと（『詩経』小雅より）」。「跼蹐情：抜き足差し足でいる。この天地に身の置き所のない気持ち（『詩経』小雅より）」等の語句を用いて、左遷されて以来、不本意な流謫であっても畏れ謹んで生活している心境を詠んでいる。

頷聯は、そんな謫居生活の様子を具体的に表現している。

頸聯では、不本意な謫居に苦しみ嘆いていた心も、流れゆくちぎれ雲を追って去っていき、何のわだかまりもない穏やかで静かな心情を述べる。

尾聯では、出歩こうと思えば出歩ける状態にあるが、「何為寸歩出門行（どうして少しでも門を出て行こうという気が起きようか）」と、自分の意志で出門しないと言っている。心のわだかまりは解消し、現在の境遇を謹んで受け入れているのだから門を出る必要はないのである。

【通釈】

ひとたび官職をおわれてあばら家に住んで以来、死にあたる罪に恐れおののき、身をかがめ、身の置き所のない気持ちでいる。

（遠くに見える）太宰府の建物の瓦をわずかに眺めるだけで、（近くにある）観音寺の鐘をただ聞くばかりだ。

私の胸中の思いは、ちぎれ雲が流され去るのを追いかけて行ってしまったので、何のわだかまりもない。

（その一方）私の外にある世界は、規則正しく巡って来て、今宵満月を迎える。

（権帥として来ているからには、左遷とはいっても）この地で手を繋がれて拘束されているわけではないが、ほんの少しでも門を出て出歩こうとは思わないのである。

「言語文化」の学習段階では、歴史的・文化的背景の知識も限定されている。そのため、いくつかの解釈を読み比べて、生徒自身が整理できる範囲にとどめておく。よって、この詩で道真が表現したかったのは、謫謹の身の上ではあるが、その中でも満月の夜のように心静かな時もあり、怒りや望郷の念で苦悩しているだけではない自身の姿だと捉えておく。

㈤ 中国の古典から

前掲A「言語文化」の教科書では、道真の「不出門」と、白居易の「香炉峰下、新卜山居、草堂初成、偶題東壁」（同教科書では『枕草子』第二八〇段「雪のいと高ふ降りたるを」の比べ読み教材として載せている。既習を前提とする。）とを読み比べて、表現の類似している箇所を指摘するという言語活動を設定している。そこで、当該詩についても言及しておく。書き下し文は教材本文の訓点に従う。

【参考資料ア】　白居易の「香炉峰下、新卜山居、草堂初成、偶題東壁」

「香炉峰下、新卜山居、草堂初成、偶題東壁」（香炉峰下、新たに山居を卜し、草堂初めて成りて、偶《たまたま》東壁に題す）

日高睡足猶慵起　日高く睡《ねむ》り足りて猶ほ起くるに慵《ものう》し
小閣重衾不怕寒　小閣に衾《ふすま》を重ねて寒きを怕れず
遺愛寺鐘欹枕聴　遺愛寺の鐘は枕を欹《そばだ》てて聴き
香炉峰雪撥簾看　香炉峰の雪は簾《すだれ》を撥《かか》げて看る
匡廬便是逃名地　匡廬《きやうろ》は便《すなは》ち是《こ》れ名を逃るるの地
司馬仍為送老官　司馬は仍《な》ほ老を送るの官為《た》り
心泰身寧是帰処　心泰《やす》く身寧《やす》きは是れ帰処なり

故郷何独在長安　　　故郷何ぞ独り長安に在るのみならんや

〔現代語訳〕

香炉峰のふもとに新しく山居をさだめ、草ぶきの家ができたおり、たまたま東の壁に書き付けた（詩）

日は高くのぼり、睡眠は十分であるが、それでもなお起き上がるのがけだるい。ささやかな住居であるが、寝具をかさねているので寒さの心配もない。

遺愛寺の鐘の音は、枕を傾け、体をよこたえて聴き、香炉峰の雪は、簾を撥ねあげて眺める。

ここ廬山こそが、俗世間の煩わしい名利名声から逃れるのに相応しい土地であり、現在の司馬という閑職は、やはり老後を過ごすのに適した官職である。

心身ともに安らかでいられる所こそ、自分が最終的に身を落ちつけさせる場所なのだ。故郷は何も長安だけにあるわけではない。

この詩は、白居易四五歳の作とされている。中央官僚であった白居易はこのころ江州（江西省九江市）に左遷されていた。埋田（一九八七）は、「白居易の文学が、江州時代を境にして大きく変質しているとの指摘は、今日ほぼ定説となっている。[22]」と述べ、以後、政治姿勢を大きく転換させ、より文学的な世界へ向かったと解説する。それは社会批判を詠んだ「諷喩詩」の減少と、人生の悲哀を詠んだ「感傷詩」の増加にも現れていると述べる。[23]

また、江州は陶淵明の故郷でもあり、陶淵明の詩や生き方が、その後の白居易の詩作に強い影響を与えたと考えられる。尾聯の「『故郷何独在長安』（長安の都だけがふるさとではない）」は、「『心泰身寧是帰処』（心身ともにやすらかに過ごせるところこそ自分が帰るべき場所なのだ）」と照応している。

【参考資料イ】　白居易の「不出門」

道真は白居易の詩の影響を強く受け、その詩を題材として心境を吐露した詩も多いとされている。また、白居易の詩に学びながらも、独自の表現法を求めていたこともよく知られている。『白氏文集』にも「不出門」という詩が二首見られるので、参考資料として挙げておきたい。

○〈七言律詩〉不出門

不出門來又數旬　將何銷日與誰親　鶴籠開處見君子　書巻展時逢古人
自靜其心延壽命　無求於物長精神　能行便之眞修道　何必降魔調伏身　（巻五七　作品番号二七四九）

〔現代語訳〕

外出しなくなってからこのかた更に十数日を重ねた。何によって日々を過ごし、誰と共に親しく交際しようか。鶴の籠を開けば、君子のようなその姿が眺められるし、書物を広げれば、同じ思いを持つ古人に出会うことができる。自ら心を平静に保って寿命を延ばし、世俗的な評判にあくせくすることなく、精神の修養に励むのだ。このようなことを十分に実行しうるならば、それこそが即ち真の修道である。必ずしも降魔や調伏を行うような専門的仏教徒である必要はない。

この詩は、五八歳の作とされる。「降魔：魔物を降伏させること。」や、「調伏：身・口・意の三業を調和させ、諸々の悪行を抑止すること。」といった仏教用語を用いていることから、儒教以外にもさまざまな思想や宗教に心の平安を求めていたことがうかがえる。しかし、実際には、そんな専門知識は必要なかったとしている。

○〈五言古詩〉不出門

彌月不出門　永日無来賓　食飽更拂牀　睡覺一嚬伸
輕箑白鳥羽　新簟青箭筠　方寸方丈室　空前两無塵
披衣腰不帶　散髪頭不巾　袒跣北窗下　葛天之遺民
一日亦自足　況得以終身　不知天壤内　目我爲何人　（巻六九　作品番号三五四四）

〔現代語訳〕

一か月にもわたって門から外に出ず、幾日も長い間来客もなく、腹いっぱい飯を食ってしまうと、あらためてベッドを広げて横になり、眠りから覚めるとしばらく大きな口を開けてあくびをして暮らす毎日。しかし、持っている軽い団扇は白鳥の羽で作ったものだし、座っている新しい竹むしろは青竹の表皮で編んだものであり、一寸四方の心も一丈四方の住居も、共にひっそりとして俗塵ひとつ存在しない。着物をはおっても腰に帯も巻かず、頭髪をばらばらにしたままで頭に頭巾もかぶらず、北向きの窓の下で肌脱ぎになったり裸足になったりしていると。あたかも太古の理想的な聖天子葛天氏に治められていた自由な遺民のようである。とにかく私は、一日だけでも自分で十分満足しているのに、ましてこのような自由な生活を死ぬまで続けられようとは幸せなことだ。いったいこの世の人々は、私を品定めしてどのような人間というであろうか。

これは七一歳の作とされる。第一三・一四句で、「一日すら亦た自ら足る、況んや以て身を終はるを得んをや（こんなに気楽で自由な暮らしは一日でも十分なのに、これを一生送ることができるとは）」と詠み、自足（みずから満足する境地にあること）の喜びに満たされているから、門を出る気にはならないとする。白居易は、どんな境遇にあってもその日常生活にささやかな喜びを見出し内面の充実を重視する詩を詠んでいる。この詩でも「自足」しているため、門を出る必要はないと詠む。

一方、道真は、不本意な謫居だとしても、わだかまりを捨て、現状を受け入れて身を慎んでいるため、門を出ることはないとしている。前出G『王朝漢詩選』でも、道真「不出門」第八句の「何為」に「反語。配所の現状を肯定しているため、出門を否定したもの。」[24]と語釈を付ける。道真にとって優先すべきは個人の怨恨ではなく、それを超越した忠臣としての生き方だったのだろう。それでもなお拭い難い憂いを、白居易の詩と重ねて詠むことによって、自足の境地への転換を図っていたのかもしれない。

つまり、白居易と道真は自分の意志で選択し積極的に門を出ない点では共通しているが、その理由は異なり、白居易は自身の日常生活が満たされ自足の境地にあるためで、道真は個人の謫居の憂いよりも忠臣として身を慎むためということだ。道真は、出門することを自ら禁じているのである。

このように、中国古典詩に学びながらも独自性を求める姿勢は、道真以外の漢詩人たちにも共通している。それゆえ、「日本漢文」は両文化を繋ぐ役割を果たしてきたと言えるのである。

㈥ 道真に対する評価

ここで、学習指導要領にある「歴史的文化的背景」にも目を向けていきたい。道真の人物や漢才に対する評価は、平安時代後期の歴史物語『大鏡』（一一世紀後半～一二世紀前半成立）の「左大臣時平」の章段に現れる。当該箇所は教科書の定番教材でもあるため取りあげて検討する。

【参考資料ウ】『大鏡』（左大臣時平）　　（傍線と、※印は筆者による。）

筑紫に御座します所の御門かためて御座します。大弐の居所は遥かなれども、楼の上の瓦などの、心にもあらず御覧じやられけるに、またいと近く観音寺といふ寺のありければ、鐘の声を聞こし召して、作らしめ給へる詩ぞかし。※1「都府楼纔看瓦色　観音寺只聴鐘声」これは、文集の、白居易の「遺愛寺ノ鐘ハ枕ヲ欹テテ聴キ、香炉峯ノ雪ハ簾ヲ撥ゲテ看ル」といふ詩に、まさざまに作らしめ給へりとこそ、昔の博士ども申しけれ。

また、かの筑紫にて、九月九日菊の花を御覧じけるついでに、いまだ京に御座しまししし時、九月の今宵、内裏にて菊の宴ありしに、このおとどの作らせ給ひける詩を、帝かしこく感じ給ひて、御衣賜はり給へりしを、筑紫に持て下らしめ給へりければ、御覧ずるに、いとどその折思し召し出でて、作らしめ給ひける、

※2「去年ノ今夜ハ清涼ニ侍シ　秋思ノ詩篇独リ腸ヲ断ツ

恩賜ノ御衣ハ今此ニ在リ　捧ゲ持チテ毎日余香ヲ拝ス」

この詩、いとかしこく人々感じ申されき。

〔現代語訳〕

筑紫でお住まいになっている屋敷の御門を固く閉ざしていらっしゃいます。太宰府の役所は、（道真の屋敷から）遠くにあるけれども、（役所の）建物の上の瓦などが、思いがけず自然と御覧になったり、またすぐ近くに観音寺という寺があったので、その鐘の音をお聞きになったりして作りなさった詩である。

「太宰府の建物は、わずかにその瓦の色を見るだけであり、観音寺は、ただその鐘の音を聞くばかりである。」

この詩は、白氏文集の中にある、「遺愛寺の鐘は枕を傾けて聴き、香炉峰の雪は簾を上げて眺める」という詩に、まさるくらいにお作りになっていると、昔の学者たちは申し上げた。

また、あの筑紫で、九月九日（重陽の節句）に菊の花をご覧になった際に、まだ京都にいらっしゃった時、九月の今夜、宮中で観菊の宴があったのだが、この大臣がお作りになった詩を、帝（醍醐天皇）はたいそう感動なさって、帝自身のご衣服をお与えになったのを筑紫に持ってお下りになっていたので、（その衣服を）ご覧になると、いよいよその時の事が思い出されて、お作りになった詩（が次の詩である）。

「去年の今夜は清涼殿で帝のおそばに仕え、『秋思』という御題をいただき、詩を作ったが、私の詩だけがひと際憂いをたたえていた。（自分は感ずるところがあって、独りひそかに断腸の思いを託したことであった。[25]）帝から賜った御衣は今ここにある。毎日捧げ持って、その残り香を拝している。」

文中※1は、道真の「不出門」の第三・四句である。また、※2は『菅家後集』収録の「九月十日」と題される漢詩である。「不出門」は、白居易の「香炉峰下……」よりも優れていると博士たちが絶賛し、「九月十日」の詩も、当時の人々はたいそう感動し申し上げたと記している。また、「九月十日」の詩に関しては、道真の自注とされる注が次のように付されている。

【道真の自注】＊「愁思詩篇独断腸」：自注〈勅賜愁思賦之　臣詩多述所憤〉（勅《おほせごと》として「秋の思い」というお題を賜って賦《うた》った。私の詩のみが多く憤る所を述べたのである。）＊「恩賜御意今在此　捧持毎日拝餘香」：自注〈宴終晩頭賜御衣。今随身在笥中、故云〉（宴が終わった時に帝から御衣が下賜された。今それは箱にしまったままの状態で私のそばにある。そのことを言う。）

自注にある「所憤」とは、秋の憂いだけではなく、帝に仕えるという重責を果たせないでいる葛藤を言うのであろうか。先代の宇多天皇からお仕えしている老臣として、若き醍醐天皇に十分尽くせない自分を嘆き、政治の行く末を案じているのだとすれば、道真の忠臣ぶりがうかがえる一句である。また、その気持ちは、遠く太宰府にあっても変わらないということを詠んでいるのであろう。その姿に、当時の人々は感動し、深い同情の念を禁じ得なかったということだ。

道真の詩が高く評価されている様は、平安時代後期（一一一一年頃成立）の説話集である『江談抄』（第四）にも記載されている。これも参考資料として示しておく。

【参考資料エ】『江談抄』（第四・一〇七）[26]

都府楼纔看瓦色　観音寺只聴鐘声　菅家

此詩於鎮府不出門胸句也。其時儒者云、此詩、文集香炉峰雪撥簾看之句にはまさざまに被作云々。

【書き下し文】

（都府楼は纔かに瓦の色を看る　観音寺はただ鐘の声を聴くのみ　菅家

この詩は、鎮府における「門を出でず」の胸句なり。その時、儒者云はく、「この詩は文集の『香炉峰の雪は簾を撥げて看る』の句にはまさざまに作らる」と云々。)

『江談抄』は大江匡房(一〇四一~一一一一)の言談を藤原実兼(一〇八五~一一一二)が筆録したものである。匡房は引退するに当たって、将来を嘱望する実兼に「秘事」として語り継いだという。匡房は学者にして官僚、太宰府権帥として左遷された経験もあり、道真との共通点が多い。その語られた「秘事」は、事実かどうかは措くとして、文事から世事まで幅広く、興味深いエピソードに満ちている。ここでも、道真の「不出門」を、『大鏡』と同様、当時の学者たちは白居易の詩にまさっていると評価したと述べている。

また、当該箇所以外にも、『江談抄』では道真に関する言談を多く載せている。その中には、死後神格化された道真の託宣(お告げ)にまつわる話もあり、死してなお国家の行く末を案じて守護しようとする様を伝えている。

六、「言語文化」と「古典探究」の授業構想

(一)「言語文化」

以上の教材分析を踏まえて、本節では実際の授業計画を検討していく。

まず、「言語文化」の授業では、漢文の内容を理解すると同時に、それらに対してさまざまな解釈が論じられて来たことを知ることを目指す。実際、生徒の中には、漢文の訓読や解釈は一つに定まっていると思い込んでいる者も少なからず見られる。その原因として、①漢文指導に十分な時間が割けない　②古文の参考資料として示されることも多く、漢文自体の解釈を複数示すのは難しい　③訓みと解釈が必ずしも一致しないこともあり説明が困難　等が考えられる。そのため一つの説に絞って扱うことが多く、「漢文の解釈は一つしかない」という生徒の誤解を招いているのであろう。特に、漢詩は慣習化された訓読が多く③が顕著である。道真の「不出門」を教材化

するに当たり、この誤解を解消したいと考える。
なお、訓読の異同も同時に示すと授業目標が不明確になるため、この単元では解釈の異同のみを扱う。留意点については※印で示し、後でまとめて述べる。

【単 元 名】 漢詩を読んで、様々な解釈があることを知ろう

【指導目標】

①漢詩には様々な解釈があることを知る。

②漢詩の様々な解釈を理解し、自分なりの考えを持つことができる。

【対象学年】 高等学校第一学年

【単元概要】（三時間配当）

◆第一時

①「不出門」を訓点に従って音読し、訓読の仕方を確認する。（※1　書き下し文は示さない。）

②脚注を参考に、漢和辞典を引きながら語句の意味を確認する。

③通釈を見ながら漢詩の内容を理解する。（※2　通釈は予め示す。）

④「国語資料集」等を参考に、作品・作者の大まかな背景を理解する。

◆第二時

①学校図書館等で、日本古典文学大系『菅家文草・菅家後集』と新釈漢文大系『日本漢詩』で道真の「不出門」を調べ、第五句・第六句の異なる解釈があることを知る。（場合によっては教師が資料として示す。）

②学習の手引きにある「香炉峰下、……」（同教科書内で既習）と読み比べ、表現の類似している箇所を確認する。

◆第三時

①「不出門」と「香炉峰下、……」の詩に込められた作者の心情の共通点と相違点についてグループで話し合い、その結果を発表する。

②発表内容を踏まえ、自分の考えを三〇〇字程度にまとめる。

【※留意点】

※1「書き下し文は示さない。」

訓点に従って音読することで、漢詩の読み方の確認は可能である。書き下し文があると生徒はそれに頼りがちになり、訓点習得を妨げる恐れがある。また、書き下し文には、見た目は日本語の文章だが、そこで使われている単語は古典中国語という特徴があるが、最初から書き下し文を見てしまうとそのことを認識しにくくなる。

※2「教科書の脚注に即した通釈を予め示す。」

協議や発表等の言語活動を設定している場合は予め示すことも考えられる。詳細な文法事項にも触れない。単元の指導目標によって臨機応変に扱う。

(二)「古典探究」

「古典探究」では、歴史的・文化的背景を踏まえて「不出門」の理解を深めることを目標とし、比べ読み教材として『大鏡』(左大臣時平)を用いる。また、参考資料として白居易の「不出門」や『江談抄』も適宜用いる。また、作品や作者に関する情報を自ら収集するなどして、古典の主体的な探究学習を目指す。

【単元名】様々な資料から作品・作者の背景を読み取り、漢詩に対する理解を深めよう。

【指導目標】
①様々な資料を読み比べて、作品・作者に対する理解を深める。
②歴史的・文化的背景等を踏まえ、作品・作者に対する評価について考察する。
【対象学年】　高等学校第二学年、第三学年
【単元概要】（三時間配当）
◆第一時
①〜③は「言語文化」の第一時（八五頁）と同じ。
④『大鏡』（既習）の本文の内容を振り返り、道真の「不出門」が本文中でどのように示されているか確認する。
【※留意点】
※1　太宰府天満宮、全国各地の天満宮、童謡「通りゃんせ」、「くわばら」の由来等を調べる。
◆第二時
①白居易の「不出門」（二点）を読む。（※2　どちらか一点に絞っても良い。詩の大意は予め示す。）
②道真の「不出門」と比較して、共通点と相違点を考える。
③『大鏡』にある道真の詩「九月十日」の内容を確認する。
◆第三時
①『大鏡』と『江談抄』を読み、当時の道真に対する評価をまとめる。
②各資料の内容を整理して、道真が「不出門」とした理由を四〇〇〜六〇〇字にまとめる。
【※留意点】
※1　生徒がタブレット端末等利用できる環境にあれば、それらを活用する。道真の「怨霊」伝説等は詩意を誤読する恐

れもあるが、その場合は、なぜ、そのような伝説が生まれたのかを考えさせる。
※2　どちらか一つに絞る場合は〈五言古詩〉の方を扱う。

七、説話集の教材化の可能性

前節の『江談抄』でも言及したが、説話集は巻に伝承された逸話を収録したもので、その内容も多岐にわたる。説話集の中には、『宇治拾遺物語』や『今昔物語集』のように古文の定番教材となっているものもある。説話集を教材として扱う際は、読みやすくするために現代の平仮名交じり文に改められているが、原文は漢文体もあれば仮名交じり文もあって多様である。

『今昔物語集』のような「片仮名宣命体」を原文で教材化するのは困難な一方、『江談抄』のような漢文体は、ほぼ中国の古典文法に則っており、原文での学習も可能だと考える。一部仮名書きも交じるが、これは日本の言語文化の多様性を知る教材としても有効である。

なお、説話集の教材化に当たっては、従来の「古文」「漢文」という枠組みについても再検討の余地があるだろう。

八、おわりに

「言語文化」の教科書に[27]〈孤客入石図〉という山水画風の図画が載っている。山に棚引く雲が風に吹かれて孤雲（ちぎれ雲。はぐれ雲）になって消え去っていく図画である。古代中国では「雲」は山の岩穴から発生するとされていた。その岩穴は異世界（仙界や理想郷）に通じる。陶淵明の「桃花源記」もこの思想に基づいている。陶淵明は白居易に多大な影響を与えた詩人でもあるが、かれの詩「詠貧士」（其一）に「萬族各有託　孤雲獨無依（どんなものでも頼りとするものがあるが、はぐれ雲だけは依るものがない。）」（『文選』巻三〇、雑詩下）とある。李善は、「孤雲」に「孤雲喩貧士也。（孤雲は貧士の喩えである。）」[28]と注を付す。貧士とは、貧困で生活難にあっても、自らの生き方を曲げることなく貫く士のことで、陶淵明が理想とする人物像であった。この李善注を見ると、道真が追い求めていたものが何であったか、より理解できるように思う。李白も「独坐敬亭山」で「衆鳥高飛盡　孤雲獨去閑（数多くいた鳥も高く飛び去り、ちぎれ雲も流れ去って閑けさだけが辺りを包む。）」と詠む。

ところで、この〈孤客入石図〉を描いたのは誰かというと、夏目漱石である。漱石は「題自画」―自画に題した詩として、図画の上に「碧落孤雲尽　虚明鳥道通……（青空にちぎれ雲が流れ去っていき、透きとおって明るい大気に鳥のかよう路が通じている。）」と書き付けている。「孤雲」という詩語は、中国古典詩人から日本漢詩人へと、あざやかに受け継がれてきたのだ。実際、漱石や鷗外、芥川龍之介等、近代以降の小説家の作品には漢文の影響が色濃く残されている。このような文化の連続性を見ると、「言語文化」で古典と近代以降の小説を扱う意義が分かる。

本章では、日本が古来、中国文化の影響を受けつつ、独自の文化を発展させてきた様子を「不出門」を具体例に取りながら述べてきた。これら両国文化の〝橋渡し〟とも言える「日本漢文」を通して、現代日本への理解を深める指導を目指したい。現代は、グローバル化が一層急速に進む時代である。そうした中で、「日本漢文」は、日本理解にとどまらず、東アジアの中の日本という視点を持つきっかけともなり得るのである。

注

(1) 本章で提示する「学習指導要領」関連の参考資料は『高等学校学習指導要領(平成三〇年告示)解説　国語編』(文部科学省　平成三〇年七月)による。
(2) 注1に同じ。六頁。「国語科改訂の趣旨及び要点」による。
(3) ここでいう「漢文」とは「古典中国語の文語文」で書かれた文章のことである。
(4) 注1に同じ。一三九頁。「学習指導要領」で規定する「日本漢文」とは、「上代以降、近世に至るまでの間に日本人がつくった漢詩と漢文とをいう。」とある。
(5) 「資質・能力」とは、学校現場で生きる狭義の「学力」に対して、学校現場に限定せず、生涯にわたって社会で生きる能力を指す。平成二八年一二月の「中央教育審議会(答申)」を踏まえて、今次の「学習指導要領」では一貫して「資質・能力」を使用する。
(6) 『高等学校学習指導要領(平成三〇年告示)解説　国語編』(文部科学省　平成三〇年七月)の二七一頁を参照のこと。
(7) 二〇二〇年文部科学省検定済の教科書。
(8) 『漱石全集』一三巻(岩波書店、一九五七年四月第一刷・一九八〇年五月第四刷)の三三〜五五頁は「題自画」と題する漢詩を一一首載せる。そのため、「古典B」にも採録されていた漢詩と、「言語文化」で新規に採録した漢詩がある。
(9) 『新　精選　国語総合　古典編』(久保田淳・中村明・中島国彦他、明治書院、二〇一七年三月)
(10) 調査対象は、二〇二一年文部科学省検定済の教科書(全九社二二点)である。
(11) 『言語文化』(坪内稔典他編著、数研出版、二〇二二年一月三一日)、一七八頁
(12) 『古典探究　漢文編』(加藤敏・鳴島甫他編、大修館書店、二〇二二年三月一五日文部検定済)、八〇頁
(13) 『高等学校　古典探究　漢文編』(伊井春樹・富永一登他、第一学習社、二〇二二年三月一五日検定済)、五四頁
(14) 日本古典文学大系七二『菅家文草　菅家後集』(川口久雄校注、岩波書店、一九六七年九月)、四八一頁
(15) 新釈漢文大系『日本漢詩　上』(猪口篤志、明治書院、一九七二年)、七三頁
(16) 『和漢名詩類選評釈』(簡野道明、明治書院、一九一四年初版・一九八九年一一月修正一〇一版)、九九頁

(17)『王朝漢詩選』(小島憲之、岩波書店、一九八七年七月一六日第一刷・二〇一七年七月一二日第六刷)、三四六頁
(18) 菅野禮行「菅家道眞における『不出門』の詩の解釋をめぐって」(中国文化：研究と教育漢文学会会報五〇 大塚漢文学会(筑波大学文芸言語学部内)、一九九二年六月二〇日)の一一八頁で、第五句の「中懐は好し孤雲を逐ひて去る」という訓みに関して、「現存最高の善本といわれる尊經閣文庫藏寫本『菅家後集』や、彰考館藏寫本、また諸版本などいずれも同様に訓む。」と述べ、この訓みに関して、小島憲之は語釈に、それら刊本の伝統的な訓みを、対句を考慮して改める試みをしたのだと解説している。なお、この論文は、Web(20220913090332_cc5f52c98723a2349c97bfe4c00fd799.pdf)上で閲覧した。(最終閲覧日：二〇二二年九月九日)
(19)『角川 大字源』(尾崎雄二郎・都留春雄・西岡弘・山田勝美・山田俊雄編、角川書店、一九九二年二月)、四三七頁。古訓が「中古」「中世」「近世」の時代別に示されている。
(20)『学研 漢和大字典』(藤堂明保編、学習研究社、一九七八年四月)、三二一頁。古訓として『新撰字鏡』『倭名類聚抄』『類聚名義抄(観智院本・図書寮本)』の漢字の訓を採録する。
(21) 注18に同じ。一二三頁
(22)『校注唐詩解釈辞典』(松浦友久編著、大修館書店、一九八七年一一月一日初版・二〇〇〇年二月一〇日第四版)、四六四頁
(23) 注22に同じ。四六五頁
(24) 注17に同じ。三四七頁
(25) 括弧部分の訳は、『大鏡全評釈・上巻』(保坂弘司、學燈社、一九七九年一〇月二〇日)、二四〇頁による。
(26) 日本古典文学大系『江談抄 中外抄 富家語』(後藤昭雄・池上洵一・山根對助校注、岩波書店、一九九七年六月二七日)、一五九頁
(27)『精選言語文化』(岩崎昇一・三浦和尚他、三省堂、二〇二二年三月三〇日)、一八六頁。漱石の漢詩と自画を見比べて詩の世界のイメージを広げる学習活動を設定している。
(28)『宋本 六臣註文選』下(李善他、廣文書局、中華民國五三(一九六四)年九月初版・同六一(一九七二)年八月再版)、五六〇頁

第四章

古文と漢文の融合的な学びを促す教材開発と授業構築
――和歌と漢詩における「かげ・影・陰」の分析を中心に――

李　軍

一、はじめに

「ひかりとかげ」と聞くと、どの漢字を思い浮かべるだろうか。いま刊行されている書籍を見ると、『ＩＴ革命の光と影―技術と人間の絡み合い』『インターネットの光と影』『心理療法の光と影―援助専門家の《力》』『ユニクロ帝国の光と影』もあれば、『アジア系アメリカ人の光と陰―アジア系アメリカ移民の歴史』『アメリカ社会保障の光と陰―マネジドケアから介護とＮＰＯまで』『プロ野球トレード光と陰』もある。「かげ」に当てられた漢字「影」と「陰」は、意味やニュアンスが少し異なるが、重なる部分のある同源語である。また、これらの書籍名で示したように、現在「影」と「陰」は「光」の対義語として用いられている。

土井晩翠作詞の名曲「荒城の月」（一九〇一）の冒頭に「春高楼の花の宴／巡る盃　影さして／千代の松が枝分け出でし／昔の光　今いずこ」がある。この「影さして」は、『日本国語大辞典　第二版』によれば、「光が照らす」[1]の意で、「影」は「光」を指す。しかし、『日本語慣用句辞典』では、「影がさす」の意味が「悪い兆しが現れる。不吉な感じがする」[2]となっている。「光」の意が消え、マイナス的な意味に転じた慣用句は「影がさす」だけではない。「影が薄い」「影を落とす」「影を投じる」「影を投げかける」も同様な傾向が見られる。

『高等学校学習指導要領（平成三〇年告示）解説　国語編』では、「時間の経過による文字や言葉の変化」について、「まず中国から借りてきた漢字のみを用いて書くことから始まり、やがて漢字を省略したり崩したりした片仮名、平仮名を漢字とともに組み合わせて用いるようになった。このことは文字だけに限らず、語彙や文体にも大きな変化をもたらした」[3]と解説し、漢字の日本語化は日本の文字体系の創出だけでなく、語彙形成や文体構造にも大きな影響を与えたと示唆している。本章では、漢字の日本語化と語彙形成に焦点を当てて検討する。

漢字の日本語化過程では、漢字を直接和語で読む、すなわち訓読みという方法が生み出された。日本語と中国語は、本来系統が異なる異質の言語である。漢字に訓読み（和語）を与える時に、和語が漢字の意味の一部しか表していないにもかかわらず、その和語で漢字を読むことで漢字の意味が決定づけられてしまうものがある。また、漢字の字義が前面に出て、和語が持つ本来の意味を覆ってしまうものも少なくない。ここでは、このような一つの言葉に内包される漢字と和語の意味表示の強弱を「力関係」と呼ぶことにする。

漢字と和語の意味が一致しない場合は、「一字多訓」と「異字同訓（同訓異字）」によって両者の差異やずれが補整される。一字多訓とは、一つの漢字に与えられた複数の訓読み（和語）のことを指し、「明…あかり・あかるい・あかるむ・あきらか・あける・あく・あくる・あかす」「和…やわらぐ・やわらげる・なごむ・なごやか」はその例である。一方、同訓異字は一つの和語に当てられた複数の漢字のことを指し、「まち…町・街」「かたい…堅い・固い・硬い」「つとめる…努める・務める・勤める・勉める」はその例である。「影・陰」は「かげ」の同訓異字である。

本章では、まず、同訓異字に見られる和語と漢字の「力関係」に焦点を当て、両者の相互作用によって言葉の意味がどのように変化するかを分析する。次に、古くから漢詩漢文の影響を受けつつも独自の文化を開花させた和歌における「かげ」の使用と、漢詩における「影」「陰」の使用を分析・比較し、両者の共通点と相違点を明らかにする。最後に、和歌と漢詩の比べ読みを盛り込んだ古文・漢文の融合的な学びを促す授業構想を提案する。

二、同訓異字に見られる和語と漢字の「力関係」

同訓異字は、「映画を観る／患者を診る／桜を見る」「顔色を窺う／要件を伺う」「峠を越える／予想を超える」のように、漢字でさまざまに書き分けることで、和語の意味を細分化し、言葉の意味を瞬時に識別することができる。しかし、漢字で書き分けることによって、和語の本来の意味を失わせてしまう場合もある。

例えば、「かく…書く・描く・掻く・欠く」。「書く」と「描く」は共通の意味を持つ同訓異字であるが、「掻く」「欠く」とはたまたま同じ読みで、意味上では無関係だと認識されている。「かく」は日本固有の大和言葉である。「書」に「かく」を与えたことで、「文字を書く」ことが昔から日本にあったかのように見えるが、漢字を受容するまでは、日本語を書き表す文字はなかった。文字を書く時に使う「紙」（二世紀初頭に中国で発明された）も、六一〇年に日本に伝わったとされ、それまで日本には「紙」がなかったはずである。「紙」の字訓「かみ」は、それまでに使用されていた木簡や竹簡の「簡（kam）」の字音に由来したもので、日本固有の和語ではなかったと考えられる。[4]「書く」が文字や紙の使用とともに後から生まれた言葉であるならば、それまでの「かく」はどのような意味を持ち、なぜ「書」に「かく」を当てたのかを考える必要がある。この問題について、中西進（二〇〇八）は、次のように説明している。

その答えが縄文の土器です。土をこねて成形したものに縄目をはりめぐらしたり、縄文様などを刻んだりする。その時、先の尖ったもので、柔らかい粘土を引っ掻くでしょう。原初の「かく」とは、掻いて表面の土や石を欠くことだったのです。

ものに傷をつける「掻く」行為は、指を使って行なう動作です。後世の例ではありますが、琴を「掻き鳴らす」など、「かく」は、指先や爪で何かを動かすことを示す接頭語として用いられることもあります。ですから漢字が入ってきた時、指を使って何かを記す動作を「かく」といい、同じく指で絵に表わすことも「かく」といったのです。そして、両者を「書く」「描く」などと漢字を変えて区別するようになりました。しかしそのために、「かく」というやまとことばが、本来はどういう働きを示すものなのかが、わかりにくくなってしまいました。[5]

このように、「書く」「描く」は「掻く」という動きと「欠く」という状態をもとにしてできた語で、「書く・描く・掻く・欠く」はみな同じ語源を持つ同源語である。これらの同源語が無関係の「別語」になったのは、漢字によって書き分けられたからである。この例では、漢字の「力」が強かったのである。

同じような「力関係」は「すむ…住む・棲む・澄む・済む」にも見られる。「住む」「棲む」は共通の意味を有するが、「澄む」「済む」との関係性を見出すことが難しい。大野晋（一九九三）は、「スム（澄）とは、水の濁りが沈静して、透き通るようになることである」[6]と説明し、「こうしたスムの使い方は、発展すると、事が落着する、決着がつく[7]」の意になり、「済む」になると分析している。また、奈良時代の妻訪《つまど》い婚という風習を踏まえ、当時の男性は自分の気に入る女性と出会うまでは複数の女性のところに通い、やがて本命の女性と出会い、その家に一緒に「住む」ようになると述べ、次のように結論づけている。

これは水の濁りの沈静と全く軌を一にする動きである。あれこれと浮遊するものが、時の経過とともに沈んで、落ち着く。（中略）こうしたわけで、スム（住）とスム（澄）とスム（済）とは同じ語源にさかのぼる言葉だということになる。(8)

「住む・棲む・澄む・済む」の例においても、漢字の字義によって和語の意味が消されている。このように、同訓異字は、往々にして漢字の字義が和語の意味を覆い、同じ語源を持つ言葉同士の関係性を見えなくしがちである。では、「かげ」と「影・陰」の融合過程では、どのような「力関係」が生じ、両者の相互作用によってどのような意味の変化があったのか。次節では、和歌における「かげ」の用例を通して分析する。

三、「かげ」の語源・意味と和歌における用例分析

まず、和語「かげ」の語源を確認しておく。『岩波古語辞典　補訂版』では、「かげ」の語源について、「古語カガの転。カガヨヒ・カグツチのカガ・カグと同源。光によってできる像。明暗ともにいう」(9)と記している。また、『語源辞典　名詞編』では、「かげ」の語源について次のように解説している。

【かげ】語源 カゲ（影）は、本来は光のことを言ったらしい。『万葉集』などに見られる「日の加気《かげ》」は太陽の光のことであり、『古今集』などの「かけ」は月の光を指すことが多い。カゲは影・景・陰・蔭の字が当てられ、語源は未詳であるが、同源の語に「カガミ（鏡）のカガ」、「カグツチのカグ」、「カギロヒのカギ」がある。カガは人を照らす意、カグは火のこと、カギロヒ（陽炎）はカギルヒからの転で、ちらちらと光る火、つまり明け方の光の意である。カゲの意味は広範で、実体の定かでない人の姿のこと。目の前に浮かんで見える姿、すなわち面影。物かげ。快適な物かげを作るもの。「かげながら」「かげ口」などがある。(10)

さらに、『日本国語大辞典　第二版』では、「かげ」を【陰・蔭・翳】と【影・景】の二項に分けて、それぞれの語源について次のように示している。

【かげ（陰・蔭・翳）】 語源説 (1)カクレの約〔名言通・菊池俗言考〕。カはカクレの下略か。ケは気。又はカゲの上略か〔和句解〕。(2)カギル（限）の義〔松屋筆記〕。(3)カキの転。カクリ（隠）の語幹〔日本古語大辞典＝松岡静雄〕。(4)カゲ（陰）はクラケ（暗気）の意。カゲ（蔭）はカケ（霊）の意〔言元梯〕。(5)カガヤクから〔国語の語根とその分類＝大島正健〕。

【かげ（影・景）】 語源説 (1)カガ（赫・耀・赤々）の転〔俚言集覧・松屋筆記・大言海〕。カガヤクの義から〔日本古語大辞典＝松岡静雄〕。(2)カケ（日気）の義〔和語私臆鈔・和訓栞・言葉の根しらべ＝鈴木潔子〕。(3)カカケ（炫気）の義〔言元梯〕。(4)カは鏡。ケは気の義〔和句解〕。(5)キハコメ（際籠）の反。また、カタキエの反。また、カタカヘ（形代）の反〔名語記〕[11]。

これらの辞書によれば、「かげ」は、日・月・火がもたらす光、輝き、光の反対側に生じる暗い像、物に遮られて光の当たらない暗い場所など、光の明暗という相反する意味を内包している。「日・月・火」以外の意味は光源があってはじめて成立するので、「光」から派生したものと考えられる。

ここでは、『万葉集』『古今和歌集』『新古今和歌集』などの和歌から「かげ」の用例を取り上げ、古代における「かげ」の意味・用法・当てられた漢字を分析する。以下、意味ごとに和歌を配列し、「かげ」の意味を現代語訳の後に付す。なお、断らないかぎり、和歌の表記と現代語訳は『新編日本古典文学全集』による。

---

①天地の　分れし時ゆ　神さびて　高く貴き　駿河なる　富士の高嶺を　天の原　振り放け見れば　渡る日の
影も隠らひ　照る月の　光も見えず　白雲も　い行きはばかり　時じくそ　雪は降りける　語り継ぎ　言ひ継ぎ

行かむ　富士の高嶺は　（万葉集・三一七）

（天と地が　別れた時から　神々しくて　高く貴い　駿河の国の　富士の高嶺を　大空はるかに　振り仰いでみると　空を渡る太陽の　姿も隠れ　照る月の　光も見えない　白雲も　進みかね　時ならず　雪は降っている　語り伝え　言い継いでゆこう　この富士の高嶺は）

【影】（太陽の）姿。

②ふたつなきものと思ひしを水底に山の端ならでいづる月影　（古今集・雑歌上・八八一）

（まさか月は二つはないと思っていたのに、池の水底にも山の端ではないのに、月が出ていたよ。）

【月影】月。

③月影にわが身をかふるものならばつれなき人もあはれとや見む　（古今集・恋歌二・六〇二）

（わが身を月に変えられるものであるならば、無情なあの人だって「ああ、きれいだ」と言って見てもくれるし、「ああ、かわいそうだ」と哀れんでもくれるだろうか。）

【月影】月の光。ここでは月。

④渡る日の　かげに競ひて　尋ねてな　清きその道　またも会はむため　（万葉集・四四六九）

（光陰[12]を　常に惜しんで　尋ねよう　清いその仏の道を　また来世で巡り会えるように）

【かげ】日・月の光、年月。

⑤草深き霞の谷に影かくし照る日のくれし今日にやはあらぬ　（古今集・哀傷歌・八四六）

（今日は霞のこめた草深い谷にその光を隠し、空に輝く太陽が落ちて真っ暗になった日ではなかったのか[13]。）

【影】日の光。

⑥柴の戸に入日の影はさしながらいかにしぐるる山べなるらん　（新古今集・冬歌・五七二）

（柴の戸に夕日の光はさしていながら、どうして、同時に時雨の降っている、あの山辺なのであろうか。）

【影】（夕日の）光。

⑦花の上にしばしうつろふ夕づく日入るともなしにかげ消えにけり　（風雅集・一九九）

（花の上にしばらく映えていた夕方の日の光が、入るともなく消えてしまった。[14]）

【かげ】夕日の光

⑧灯火の　かげにかがよふ　うつせみの　妹が笑まひし　面影に見ゆ　（万葉集・二六四二）

（灯火の　火影に揺れ動く　実際の　あの娘の笑顔が　今面影に見える）

【かげ】火の光。【面影】おもかげ。

⑨山深みなほ影寒し春の月空かき曇り雪はふりつつ　（新古今集・春歌上・二四）

（山が深いので、春の月は、やはりまだ光が寒々としている。空が曇って、雪は降り降りして。）

【影】月の光。

⑩梅の花にほひをうつす袖の上に軒漏る月の影ぞあらそふ　（新古今集・春歌上・四四）

（軒近く咲く梅の花がにおいを移し懐旧の涙で濡れている袖の上に、荒れた軒を漏れる月の光が、梅のにおいと争うように映っていることだ。）

【影】（月の）光。

⑪梅が香に昔を問へば春の月答へぬ影ぞ袖にうつれる　（新古今集・春歌上・四五）

（梅の香に昔のことを問いかけると、梅の香は答えてくれないで、ただ、春の月の、これも答えてくれない光が、涙の袖に映っていることだ。）

【影】月の光。

⑫見る人の袖をぞしぼる秋の夜は月にいかなる影か添ふらん（新古今集・秋歌上・四〇九）
（月を見ているわたしの、涙で濡れた袖をしぼることです。いったい、秋の夜は、月にどういう人の面影が光として添っているのでしょうか。その面影は、ほかならぬ、あなたの面影なのだと思うのですが。）

【影】「月の光」と「人の面影」との両意をかねる。

⑬冴えわびて覚むる枕に影見れば霜深き夜の有明の月（新古今集・冬歌・六〇八）
（寒さに悩んで目覚めた枕にさしている光を見ると、霜の深く置いた夜の、有明の月の光であることだ。）

【影】月の光。

⑭木の間よりもりくる月の影みれば心づくしの秋は来にけり（古今集・秋歌上・一八四）
（木の枝をもれて地に届いている月の光を見ていると、私の心を悲しみのために消え入らせる秋がとうとうやってきたのだなあとしみじみと感じる。）

【影】（月の）光。

⑮卯の花のむらむら咲ける垣根をば雲間の月の影かとぞ見る（新古今集・夏歌・一八〇）
（卯の花が所々に群がって咲いている垣根を、雲の切れ間からさしている月の光かと見ることだ。）

【影】（月の）光。

⑯花散りし庭の木の葉も茂りあひて天照る月の影ぞまれなる（新古今集・夏歌・一八六）
（花が散った庭の桜の木の葉も、今はもう茂りあって、空に照る月の光がわずかにしかささないことだ。）

【影】（月の）光。

⑰わが心いかにせよとて郭公雲間の月の影に鳴くらん（新古今集・夏歌・二一〇）
（わたしの心をどうせよというので、ほととぎすは、雲の切れ目からさす月の光のもとで、あのように鳴いている

のであろうか。）

【影】（月の）光。

⑱真菰刈る淀の沢水深けれど底まで月の影は済みけり　（新古今集・夏歌・二二九）

（五月雨どきで、真菰を刈る淀の沢水は深いが、その水の底にまで、月の光が澄んで映っていることだ。）

【影】（月の）光。

⑲冬枯れの杜の朽葉の霜の上に落ちたる月の影の寒けさ　（新古今集・冬歌・六〇七）

（冬枯の森の、朽葉に置いた霜の上にさしている月の光の寒々としていることよ。）

【影】（月の）光。

⑳かつ見れどうとくもあるかな月影のいたらぬ里もあらじと思へば　（古今集・雑歌上・八八〇）

（せっかく来ていただいて、一方では嬉しく存じますが、他面、かかわりたくなくも思いますよ。この月の光があまねく照らすように、あなたが行かない里はあるまいと思いますので。）

【影】（月の）光。

㉑月影も花もひとつに見ゆる夜は大空をさへ折らむとぞする　（古今集・異本所載歌・一一一六）

（今夜は月の光も満開の桜も白一色に見わたされるものだから、手を伸ばして花の枝を折っているうちに、うっかりして空までも折りそうになる。）

【影】（月の）光。

㉒重ねても涼しかりけり夏衣うすき袂に宿る月影　（新古今集・夏歌・二六〇）

（重ねても涼しいことだ。夏の着物の薄い袖に重なって映る月の光よ。）

【影】（月の）光。

㉓深草の里の月影寂しさも住み来しままの野べの秋風　（新古今集・秋歌上・三七四）
（深草の里の光よ、その光も、その寂しさも、住んできた昔のままだし、深草の野辺の秋風も、その寂しさも、また、住んできた昔のままであることだ。）

【影】（月の）光。

㉔月影の初秋風と更けゆけば心づくしにものをこそ思へ　（新古今集・秋歌上・三八一）
（月の光が、吹く初秋の風とともに更けていくと、さまざまに思いを尽くして物思いをすることだ。）

【影】（月の）光。

㉕風寒み木の葉晴れゆく夜な夜なに残るくまなし庭の月影　（新古今集・冬歌・六〇五）
（風が寒く吹くので、木の葉が散って陰がなくなっていく夜ごとに、照らし残る隅もない、庭の月の光よ。）

【影】（月の）光。

㉖ほのぼのと有明の月の月影に紅葉吹きおろす山颪の風　（新古今集・冬歌・五九一）
（ほの明るい有明の月の光のもとで、紅葉を吹きおろす山颪の風よ。）

【影】（月の）光。

㉗むすぶ手に影乱れゆく山の井のあかでも月のかたぶきにける　（新古今集・夏歌・二五八）
（水をすくう手によって水に映った月の光の乱れていく山の泉で、まだ楽しみたりないのに、月が西の空に低くなり、その光も映らなくなってしまったことだ。）

【影】月の光。水に映っている月の影。

㉘行く年の惜しくもあるかなます鏡見る影さへにくれぬと思へば　（古今集・冬歌・三四二）
（去ってゆく年が惜しいことだなあ、澄んだ鏡に映る私の姿までが、年が暮れるのとともに、ぼんやりと翳って老

いてゆくように感じられるので。）
【影】　鏡に映っている自分の姿。

㉙怨みても泣きても言はむかたぞなき鏡に見ゆる影ならずして　（古今集・恋歌五・八一四）
（あの人を恨んでも、悲しさに泣いても、鏡に映る私の影以外には今さら訴える相手がいないのだ。）
【影】　鏡に映っている自分の姿。

㉚水底に千々の光は映れども昔の影は見えずぞありける　（新古今集・哀傷歌・八〇九）
（池水の底に、灯明の数知れない光は映っているけれど、亡き父の昔の姿は見えないことだ。）
【影】　生前の父の姿。

㉛年を経て住むべき宿の池水は星合の影も面なれやせん　（新古今集・秋歌上・三一五）
（年を重ねて末長くお住いになるはずのこのお宿の池水は、移る星合の姿も、年を重ねて見慣れることであろうか。）
【影】　池水に映る星合(15)の姿。

㉜磯影の　見ゆる池水　照るまでに　咲けるあしびの　散らまく惜しも　（万葉集・四五一三）
（磯影の　映っている池水も　照るほどに　咲いているあしびの　散るのは惜しい）
【影】　（水面に映った磯の石組みの）かげ。

㉝人はよし　思ひ止むとも　玉かづら　影にみえつつ　忘らえぬかも　（万葉集・一四九）
（人はたとい嘆きが止んでも　（玉葛）わたしは面影にちらついて　忘れられない）
【影】　おもかげ。

㉞色も香も昔の濃さに匂へども植ゑけむ人の影ぞ恋しき　（古今集・哀傷歌・八五一）

（梅の花は色も香りも昔同様の美しさに咲き、芳香を放っているが、その木を植えたという亡きご主人の面影がしきりに追慕されることであるよ。）

【面影】　おもかげ。

㉟故郷の花のさかりは過ぎぬれど面影去らぬ春の空かな　（新古今集・春歌下・一四八）

（故郷の桜の花の盛りは過ぎてしまったけれど、盛りの様子が目に浮んで離れない春の空であるよ。）

【面影】　おもかげ。

㊱なき跡の面影をのみ身に添へてさこそは人の恋しかるらめ　（新古今集・哀傷歌・八三七）

（亡くなったあとに残る面影ばかりを身に添えていて、さぞ亡くなった人が恋しくていられることでしょう。）

【面影】　おもかげ。

㊲朝影に　我が身はなりぬ　玉かきる　ほのかに見えて　去にし児故に　（万葉集・二三九四）

（明け方の影のように　ぼうっとわたしはなった（玉かきる）ほのかに見えて　消えてしまったあの娘のせいで）

【朝影】　朝の薄明るい光の中にぼうっと見えるシルエット。「影」は、目には映るが不確かなもの、おぼろなもの。

㊳寄るべなみ身をこそ遠くへだてつれ心は君が影となりにき　（古今集・恋歌三・六一九）

（あなたのお傍に身を寄せる所がないので、身こそ遠くに隔てていますが、心はぴったりと、影のようにあなたに寄り添ってしまっております。）

【影】　つきまとって離れないもの。

㊴橘の　影踏む道の　八衢に　物をそ思ふ　妹に逢はずして　（万葉集・一二五）

（橘の　木影を踏む道の　別れ道のように　あれこれと思い悩んでいます　貴女に逢えないで）

【影】（木が地上に落とした）かげ。

㊵うちなびき春は来にけり青柳の陰ふむ道に人のやすらふ　（新古今集・春歌上・六九）

（春は来たのだなあ。青柳が茂って木陰をつくっている道に、人が立ちどまって休んでいることよ。）

【陰】こかげ。

㊶伏見山松の陰より見わたせば明くる田の面に秋風ぞ吹く　（新古今集・秋歌上・二九一）

（伏見山の松の木陰から見渡すと、夜の明ける田の面に、秋風が吹いていることだ。）

【陰】こかげ。

㊷あふち咲く外面の木陰露落ちて五月雨晴るる風わたるなり　（新古今集・夏歌・二三四）

（梅檀の花の咲く戸外の木陰は、露が落ちていて、五月雨の晴れる風が吹き渡るようだ。）

【木陰】こかげ。

㊸花の香に衣は深くなりにけり木の下陰の風のまにまに　（新古今集・春歌下・一一一）

（桜の花の香で、衣は香が深くなってしまったことだ。桜の木の下陰の花の香を吹き送る風につれて。）

【陰】（木の下の）薄暗い所。

㊹吉野なるなつみの川の川淀に鴨ぞ鳴くなる山陰にして　（新古今集・冬歌・六五四）

（吉野にあるなつみの川の川淀に、鴨の鳴くのが聞こえることだ。そこは山の陰になっている所で。）

【山陰】山に遮られる所。

㊺筑波嶺の木のもとごとに立ちぞ寄る春のみ山の蔭を恋ひつつ　（古今集・雑歌下・九六六）

（筑波嶺の木の下という木の下にいちいち立ち寄ってはお願いしているのです。それも、あの常陸国の歌で有名な春のお山ならぬ東宮のお陰を願えばこそなのです。）

【蔭】 木の陰であるが、裏に東宮の庇護の意がある。

㊻…高知るや 天の御陰 天知るや 日の御陰の 水こそば 常にあらめ 御井の清水（万葉集・五二）

（…高く聳える 天つ神の御殿 天を蔽う 日の御子の御殿 ここの水こそは 永遠であろう ああ御井の清らかな水よ）

【陰】 直射日光や雨を避けるために頭上にかざすもの。天の御陰・日の御陰の「陰」は壮大な宮殿の屋根。

以上、四六の和歌を意味ごとに提示した。ここで引用した『万葉集』の表記は万葉仮名から変換されたもので、そこにある「かげ」の漢字表記は仮名表記である時に最も一般的な用字が用いられている。ここでは、「かげ」の万葉仮名を確認しておこう。（番号は上記引用した和歌の通し番号。以下同じ）

①「日の影」……………（意味）太陽の姿……………万葉仮名「日之陰」

④「かげ」………………（意味）日・月の光…………万葉仮名「加気」

㊴「橘の影」……………（意味）木の影………………万葉仮名「橘之蔭」

㊻「天の御陰」…………（意味）宮殿の屋根…………万葉仮名「天之御蔭」

㊻「日の御陰」…………（意味）宮殿の屋根…………万葉仮名「日之御影」

万葉仮名は、本来漢字の字義とは関係なく、漢字の音や訓を借りて和語の読みを表記するのに用いられる。しかし、右の④「加気」以外の万葉仮名（「影」「陰」「蔭」）は「かげ」の意味と重なっている。むろん、同じ「屋根」の意でも「蔭」「影」で表記されたり、太陽の姿が「陰」で書かれたりして、「かげ」の意味と当てられた漢字の字義にずれがある。それでも、上代から「かげ」と「影・陰・蔭」の融合があったことは確かである。「影・陰・蔭」は、やがて『古今和歌集』『新古今和歌集』で多用されるようになり、「かげ」の意味細分化を担うようになっていく。では、これらの漢字は、具体的にどのように使い分けられていたのか。上記の四六の和歌における「かげ」の漢字表記とその意味を見てみよう。

まず、「光」を意味する「かげ」の用例と用字について確認する。上記の和歌では、「太陽や月そのもの（①～③）」「日・月の光、年月（④）」「日の光（⑤～⑦）」「火の光（⑧）」の用例はいずれも少なく、「月の光（⑨～㉖）」の用例は最も多い。また、同じ「月の光」でも『古今和歌集』『新古今和歌集』では、「影」、「月の影」、「月影」と表記されており、平安時代になると、「影」が「月光」の意を表すようになり、「月影」という語が定着していったことが窺える。

次に、実際の物の姿と実在しない物の姿を表す「かげ」の用例と用字に注目する。㉗「水に映っている月の影」、㉘㉙「鏡に映っている自分の姿」、㉚「生前の父の姿」、㉛「池水に映る星合の姿」、㉜「水面に映った磯の石組みのかげ」は形のあるもので、㉝～㊱の「面影」は形がなく、目に浮ぶ映像を表している。㊲の「朝影」は「おぼろげなシルエット」を表し、実際の物の姿ではなく、目に浮ぶ映像とも違う幻想的な像を指す。㉗～㊲における「かげ」（＝実在している物の姿や輪郭、鏡や水面に映っている物の姿、そこには存在していないが目に浮ぶ映像、幻像）も、みな「影」と表記されている。

青柳や松の木、山と一緒に登場し、木や山に遮られて光の当たらない場所を表す「かげ」は「陰」で表記されている（㊵～㊹）。㊴「橘の影」の「影」は、「木が地上に落とした木の影」を表し、「木陰」と区別されている。また、㊺の「蔭」は、「木陰」の意を表しつつ、「庇護」の意も含んでおり、今日の「おかげ」「おかげさま」の用法に通ずる。㊻の「宮殿の屋根」を意味する「かげ」の用例は少なく、万葉集以外には見当たらなかった。

以上の分析から分かるように、「陰」「蔭」と比べると、「影」は圧倒的に意味表示範囲が広い。「影」は、日・月の光、水や鏡の面に映る物の形、光源と反対側にできる暗い部分、実際の姿とそうではない輪郭、面影といった意味を有するだけでなく、㊳「心は君が影」のように、「心が身から抜け出して影のようにあなたに寄り添って離れない」という比喩的な心情表現にも用いられている。

本節では、「かげ」の語源と和歌における「かげ」の用例・意味・用字を分析した。『万葉集』では、「かげ」の用字がまだ一定していなかったが、『古今和歌集』『新古今和歌集』の時代になると、和語と漢字の一体化が進み、「影」「陰」「蔭」による使い分けが定着していった。また、「光」とりわけ「月の光」を意味する「かげ（影・月影）」の使用が多く見られ、「影・月影」を詠んだ歌には、即物的叙情的なものもあれば、繊細で感傷的なものも見受けられた。そして、「影」は比喩的な心情表現にも用いられ、形があって目に見えるものから想像上の映像、幻影まで幅広く使われていたことは、これまで見てきた通りである。

次節では、「影」「陰」の字源と漢詩における用例を通して、「影」「陰」の本来の意味と使用を確認しながら、日本語の「かげ（影・陰）」との共通点と相違点を考察する。

四、「影」「陰」の字源・意味と漢詩における用例分析

白川静（二〇〇五）は、「影」と「陰」の字源・字形・字義について次のように解説している。

影は景と彡とに従い、日影をいう。景がその初文。彡はその「かぎろふ」光を示す記号的な文字。景は日と京とに従い、京は凱旋門として立てたアーチ状の軍門。京観ともいわれる高い建物である。（中略）景の字形は、その京観が日景の観測に用いられたことを示唆しているように思われる。それで陽光が影の形で示されるのであろう。

陰は陽に対していう。陽は神の陟降《ちょくこう》する神梯（𠂤《ふ》。阝）の前に玉をおき、その玉光を以て神徳を象徴する

ものである。陰の旁の侌《いん》は今と云とに従う。云は雲気。ある霊的な力を象徴するものであろう。今は壺形の器に用いる蓋栓の形。その雲気をこれで密閉しておく意である。陽の魂振りに対して、陰は魂鎮め的な意味をもつ字であろう。それで外にあらわれないもの、かげの意となる。[16]

「影」の原字は「景」で、高い建物の上から太陽を観測する意を持つ。太陽の光を観ることから、太陽の「ひかり」、太陽に照らし出される「けしき」を意味するようになったと考えられる。ここでは、「風景」という古くから中国で使われている言葉を通して「景」の意味を再確認しよう。『大漢和辞典』によれば、「風景」の使用は、〔晋書、羊祜傳〕「祜楽山水、毎風景必造峴山、置酒言詠、終日不倦。（祜山水を楽しみ、風景毎に、必ず峴山に造《いた》り、置酒言詠し、終日倦まず。）」に遡る。湖北省の峴山で、山水を楽しみ風景をむさぼり、酒を置き詩を詠み、一日いても退屈しない悠々自適な様子が描かれている。ここで用いられた「風景」は、山水という目に映る景物と、空中に動いている大気（＝風）や刻々と変化している光、ひざし（＝景）を指すことから、「景」は光のある状態を表す漢字である。「彡」は、髪の毛の絵によってできた文字や光が差し込む様子を描いたものなど、その字源について諸説あるが、単独で使用されることはほとんどない。「彡」は「形」「彩」「彫」「彰」「彬」「彦」などの旁として、形や模様、色合いを表す。「景（光のある状態）」に「彡（形や模様）」を組み合わせてできた「影」は、太陽の光や輝きを表すとともに、日や光に照らされて見える物の姿や、日や光が物体に遮られて、反対側にできる明暗のついた暗い像や輪郭をも表している。

「陰」は「陽」の対義語である。「影」は「陽光」の意を持つので、「陰」とも対をなすはずである。では、「影・陰」が「かげ」の同訓異字になったのはなぜなのか。右記の白川の解説では、「陰」「陽」の「阝」は「神梯」としているが、「陸」「阪」「陵」「隆」「険」などの漢字にあるように、「阝」は「丘や山」を示す部首でもある。「陰」は「丘や山のうち、日が遮られている部分」を表す。その「日が遮られた部分」が「影」に含まれる「光の反対側に生じる像」の意味と重なっているので、両者は対義語ではないのである。

「影」と「陰」は、具体的にどのような意味を持っているのか。『大漢和辞典』によれば、「影」は、㈠かげ（物体が光をさえぎって映し出す暗黒の象、物体が鏡・水などに映って反射する光像、すがた・かたち、えすがた）、㈡ひざし、㈢ひかり、㈣まぼろし、㈤たすけ、㈥そえる、などの意がある。一方、「陰」は、㈠ひかげ、㈡いん、陽の対（宇宙の根元となる二元素の一つ。陽に対して消極的・女性的の元気、坤、地、秋冬、夜、月、雨、臣、子、婦人、腎、五臓、脳、刑、六呂、小人、内、静、柔、寒、水、玄牝、偶数）、㈢しめり、㈣くらい、㈤おくふかい、㈥しづむ、㈦くもる、㈧ひざし、㈨かげ・うしろ、などの意を持つ。「影」と「陰」は、「ひかげ」「ひざし」の意においては共通しているが、それ以外の意味は異なる。

以下、漢詩における「影」「陰」の用例を示し、和歌の用例と比較しながら、両者の共通点と相違点を見ていく。

㈠　鹿柴　　　　　　　　　　　　　　　　　　鹿柴　　　　　　　王維

空山不見人　　　　　　　　　空山　人を見ず

但聞人語響　　　　　　　　　但だ聞く　人語の響きを

返景入深林　　　　　　　　　返景　深林に入り

復照青苔上　　　　　　　　　復た照らす　青苔の上

《通釈》ひっそりとした山の中に人の姿は見えず、ただ人の話し声だけが聞こえてくる。夕日の光が奥深い林の中まで差し込み、青い苔を照らし出す。【景】日ざし。

㈡　班婕妤三首　其一　　　　　　班婕妤三首　其の一　　　　　　王維

玉窓蛍影度　　　　　　　　　玉窓　蛍影度《わた》り

金殿人声絶　　　　　　　　　金殿　人声絶ゆ

秋夜守羅幃　　秋夜　羅幃を守り
孤灯耿不滅　　孤灯　耿《こう》として滅せず

《通釈》美しい窓に蛍の光がよぎり、華やかな宮殿に人の声は途絶えた。秋の夜、絹のとばりの部屋にいて、ただ一つの灯が明々として消えない。【影】（蛍の）光。

㈠と㈡は盛唐の詩人・王維の作である。㈠の「鹿柴」は鹿を飼う柵、あるいは野生の鹿が侵入してくるのを防ぐために設けた柵、と諸説ある。いずれにしてもこの柵は俗世間と超俗世界の境目として捉えることができる。[17]「返景」は、太陽が西に傾き、その光が東を照らすという意味から、「夕日の光」を表す。真上からの日ざしなら深い林の奥に入り込むことができないが、斜めの夕陽なら低い所から深林に差し込むことができ、普段日の光に照らされることのない青苔が照らし出されるのである。前半二句はわずかな「人語の響き」によって、空山の静寂さを際立たせ、後半二句は、夕日の光が青苔を照らす瞬間的な色彩美を捉え、詩画一如の境ともいうべき幽寂の世界を描き出している。[18]和歌にも、夕陽に照らし出される景色を詠んだ歌がある。第三節に引用した和歌⑦はそれである。

⑦花の上にしばしうつろふ夕づく日入るともなしにかげ消えにけり
（風雅集・一九九）

「夕づく日」は夕日のこと。昼間の明るい陽射しが夕方になるにつれ、空がだんだん茜色に染まり、そして夕焼けへと変化しながら日が沈み消えていく、その光と風景の移り変わりが「うつろふ」「づく」「かげ」によって描き出されているのである。篠田治美（二〇一二）はこの移り変わる情景における「うつろふ」と「かげ」の役割について、次のように述べている。

時が「移る」ことで、ものの姿とその影が「移り」「映る」。「うつろふ」の掛詞が生きる。そして、光を意味する古語の「かげ」がこの歌に厚みをもたらす。ものを映しだし、ものの影をつくりだす光である。

夕日が花の上にしばらく「映ろい」、花に「映ろう」陽がしだいに光を弱くして「移ろ」う。春の夕暮れはゆったりと「移ろい」ゆく。光の「移ろい」とともに、陽の光のなかではっきりと見えていたものが静かに沈み始め、それに比して、光のなかでは相殺されていた白っぽいものがしだいにきわだっていく。時は光の世界から薄暮の世界に「移ろい」、「移ろう」ことで花の白が「映ろい」、花の姿（「かげ」）がくっきりとした輪郭を現し始める。あたかも花の上にだけ陽が射しているように、薄明かりのなかに花は浮き上がって見える。しばらくすると光（「かげ」）はなくなり暗闇になって、白い花も消えてなくなる。[19]

この歌にある光の移ろいや、その光に映し出される景色、光の変化とともに変わってゆく花の姿や色、輪郭と陰翳（影）のすべてが「かげ」を出発点としながら、「かげ」に収斂されていく。「かげ」への意識があったからこそ、静けさのなかで景色の移ろいを感じ取り、味わうという日本的な美意識と自然観が生まれたのであろう。

㈠は、夕日の光が斜めに深林の奥に差し込み、そしてその夕日が沈むまでの一瞬の静止画のような風景を描いている。一方、和歌⑦は、夕日の移ろいとともに変化してゆく景色を描き、⑦における「かげ」は「夕日・光」だけでなく、「姿・影」など重層的で流動的な意味も含んでいる。同じく夕日によって照らし出される風景を詠んでいるが、漢詩における「景」と和歌における「かげ」の含蓄と味わいが異なる。

㈡の班婕妤は前漢の成帝から寵愛を受けた女官で、賢明で詩文の才能があった。しかし、成帝はほかの女性と娯楽の日々を過ごすようになり、班婕妤との間は疎遠となった。この詩は、夜になっても眠らず、ただ一つの灯のもとで天子を待ち続ける班婕妤の孤独と切なさを描いている。この詩における「蛍影」は「蛍の光」を表す。

㈠と㈡の用例で示したように、唐代では、「景」と「影」が併用されており、どちらも「陽光」の意を持つが、「景」は「日の光」、「影」は「陽光以外の光」をも表し、漢字による使い分けがなされていたことが分かる。

㈢　峨眉山月歌　　峨眉山月の歌　　李白

峨眉山月半輪秋　　峨眉山月　半輪の月
影入平羌江水流　　影は平羌江水に入って流る
夜発清渓向三峡　　夜清渓に発して　三峡に向う
思君不見下渝州　　君を思えども見えず　渝州に下る

《通釈》峨眉山の山の端にかかる秋の半円の月、その月の光が平羌江の水面に差し込み（川の水とともに）流れてゆく。この夜、私は三峡に向かうべく清渓から舟出したが、なつかしの君を（見たいと）思いつつ、もう見られぬまま渝州へと下っていく。【影】　月の光。

㈣　月下独酌　　月下独酌　　李白

花間一壺酒　　花間　一壺の酒
独酌無相親　　独り酌みて　相い親しむもの無し
挙杯邀明月　　杯を挙げて　明月を邀《むか》え
対影成三人　　影に対して　三人と成る
月既不解飲　　月は既に飲むを解せず
影徒随我身　　影は徒らに我が身に随う
暫伴月将影　　暫く月と影とを伴いて
行楽須及春　　行楽　須らく春に及ぶべし
我歌月徘徊　　我歌えば　月徘徊し
我舞影零乱　　我舞えば　影零乱す

醒時同交歓　　醒むる時は　同に交歓し
酔後各分散　　酔いて後は　各々分散す
永結無情遊　　永く無情の遊を結ばんとし
相期邈雲漢　　相期す　邈《はる》かなる雲漢に

《通釈》花の下で一壺の酒を抱え、たった一人で飲んでいる。杯を高く挙げて、明月を迎えると、月と影と私の三人になった。ところが、月はもとより酒を飲むということが分からないし、影は私にくっついているだけだ。でもとりあえず月と影とを相手にして、今の春の季節を楽しむとしよう。私が歌うと、月は合わせて動き回り、私が踊ると、影も合わせて乱れていく。酒に酔いしれる前は、月と影と一緒に歓びを分かち合い、いざ酔いつぶれてしまえばお別れだ。情を持たないお月さまとの交遊に結ばんと願いつつ、遥か彼方、天の川のほとりでの再会を約束しよう。【影】計四回使用、すべて影法師の意。

㈤　黄鶴楼送孟浩然之広陵　　黄鶴楼にて孟浩然の広陵に之くを送る　　李白

故人西辞黄鶴楼　　故人　西のかた黄鶴楼を辞し
煙花三月下揚州　　煙花三月　揚州に下る
孤帆遠影碧空尽　　孤帆の遠影　碧空に尽き
惟見長江天際流　　惟だ見る　長江の天際に流るるを

《通釈》わが友は西の黄鶴楼に別れを告げて、花がすみの三月に揚州へと舟で下ってゆく。ぽつんと一つ浮んだ帆掛船の遠い姿が青空に吸い込まれて消え、後に見えるのは、長江が天の果てまで滔々と流れてゆくばかり。【影】　帆掛船（白帆）の姿。

㈢〜㈤は李白の作である。㈢は李白が二五歳の時に郷里の蜀を離れて天下漫遊の旅に出る時の作と推定される。「思君不見下渝州」の「君」は何を指すか。月のことか、それとも友人のことか、あるいは月の姿に思い人を見ているか、議論の分かれるところである。石川忠久（二〇〇二）は、「峨眉」の中に美人の眉を形容する「蛾眉」が隠してあり、半円の月が若い女性の眉の形に似ていることから、「峨眉山月半輪秋」に女性が隠されており、「君」は女性であると述べている。[20] どの解釈をとるにしても、「影入平羌江水流」の「影」は月光だけでなく、思いを寄せる人の「影」がそこに重なっている。大川の旅の中で「月光（影）」に見送られながらも、とうとう「君」に会うことができぬまま渝州へと下ってゆく李白は、どのような心境で月を眺めていたのか、想像が膨らむ。

次の和歌⑫においても、月に思い人の面影を重ねて心情を吐露している。

⑫見る人の袖をぞしぼる秋の夜は月にいかなる影か添ふらん　（新古今集・秋歌上・四〇九）

この和歌における「影」は擬人化されており、「月光」と「人の面影」の両意を併せ持っている。この「影」は、

㈢「影入平羌江水流」の「影」よりストレートに作者の心情を表現している。

「影」の擬人化は㈣にも見られる。㈣は、宮中に召された李白が親しく酒を酌み交わす相手もいない孤独な状況の中で、自分と自分の影と月の三人で酒を飲む情景を詠んでいる。「影」を人のように扱うという発想は、陶淵明の「形影神」という作品に由来するとされる。[21]「形影神」とは、肉体が影に語りかける「形贈影」、影がそれに答える「影答形」、精神が彼らをなだめる「神釈」の三首の詩と序からなる作である。㈣における月と影との交歓は、余計な気遣いや遠慮が要らない、いかにも李白らしい発想だが、現実の世界に友を得ないという李白の強烈な孤独感がこの詩の底に流れているのである。

㈤「孤帆遠影碧空尽」の「影」は、日本語の「人かげ」「後ろかげ」の「かげ」と同じ意味で、実在する「姿・形」を表す。この句について、石川忠久（一九八六）は「いつまでもいつまでも黄鶴楼で見送っている李白。やが

てその白帆も、青空のかなたにふっと消える瞬間がある。あとに流れるのは水ばかり、と言い放つことによって、李白の、友を見送る限りない情が漂ってい(22)ると解説している。白帆の「遠影」は単に船の姿ではない。その「影」には離れてゆく友人の姿が重なっており、李白の言い尽くせぬ別離の情と孤独な心が凝縮されている。

(四)の「影法師」の用例は、管見の範囲では和歌には見当たらなかった(23)。

(六)　照鏡見白髪　　　　　　鏡に照らして白髪を見る　　　　　　　　張九齢

宿昔青雲志　　　　　　宿昔　青雲の志

蹉跎白髪年　　　　　　蹉跎　白髪の年

誰知明鏡裏　　　　　　誰か知らん　明鏡の裏

形影自相憐　　　　　　形影　自ら相い憐れまんとは

《通釈》昔若かった頃は、学問を修めて立身出世しようという大志を抱いていたものだ。しかし人生に躓き、志を得ないうちに白髪の生える年になってしまった。この明るい鏡の中に、自分と自分の影がこうして憐れみ合おうとは、誰が想像しただろうか。【影】鏡に映っている自分の姿。

(六)は、人生が思う通りにいかず、白髪の生える年になってしまったことを嘆く詩である。「形影自相憐」における「形（自分自身）」と「影（自分の映像）」が憐れみ合うという発想は、先述の陶淵明の「形影神」や李白の「月下独酌」における「形影」の捉え方と異なるが、こちらも鏡に映っている自分の姿（影）を擬人化し、もう一つの人間として登場させている。

では、日本では鏡に映った自分の姿を見てどのような感情を抱くのだろうか。次の和歌を見てみよう。

(28)行く年の惜しくもあるかなます鏡見る影さへにくれぬと思へば　（古今集・冬歌・三四二）

(29)怨みても泣きても言はむかたぞなき鏡に見ゆる影ならずして　（古今集・恋歌五・八一四）

㉘は紀貫之の歌である。この歌の表現技巧について、鈴木宏子（二〇一八）は「『くれぬ』は、『年が暮れていく』ことと『鏡に映った姿がぼんやりと曇っている』ことを掛けており、『くれぬ』を要として、歳暮の感慨とみずからの老いを嘆く思いが一つに結びついている。（中略）『古今集』撰進時の貫之は三〇代の若さであり、こうした感慨は彼の実感ではなく、年の暮れを歌う際の〈型〉に即したものであった[24]」と述べている。㉘における嘆きは、年老いた時の感傷によるものではなく、歳暮を歌う和歌の〈型〉と掛詞の要請によるものである。一方、㉙は恋人と別れた後の悲しさ、やるせなさを鏡に映っている自分の姿（影）を介して訴えている。このように、鏡の中の自分の姿（影）を見ると嘆き、寂しく悲しくなるという発想と表現は、漢詩にも和歌にも見受けられる。

(七)　山亭夏日　　　　　　　　　　　　　　　　高駢

緑樹陰濃夏日長
楼台倒影入池塘
水精簾動微風起
満架薔薇一院香

山亭夏日
緑樹　陰濃やかにして　夏日長し
楼台　影を倒にして　池塘に入る
水精の簾動きて　微風起こり
満架の薔薇　一院香し

《通釈》緑の樹木が濃い陰を作り、夏の日は長い。高殿は影をさかさまにして池に姿を映している。水晶のすだれが揺れ動くかのように水面にさざ波が立ち、そよ風が通ったのに気づく。その風に乗って、棚いっぱいに咲くバラの香りが、中庭に漂った。【陰】こかげ。【影】水面に映っている建物の姿。

(八)　春夜　　　　　　　　　　　　　　　　　　蘇軾

春宵一刻直千金
花有清香月有陰

春夜
春宵一刻直千金
花に清香有り　月に陰有り

歌管楼台声細細　　歌管楼台　声細細
鞦韆院落夜沈沈　　鞦韆院落　夜沈沈

《通釈》春の夜は、ひとときが千金に値するほどで、花は清らかに香り、月はおぼろに霞んでいる。高殿の歌声や管弦の音は、今はか細く聞こえるだけで、中庭にひっそりとぶらんこが下がり、夜は静かに更けていく。【陰】雲がかかっている、曇り。

(九)　八月十五日夜　禁中独直対月憶元九　　白居易

八月十五日の夜　禁中に独り直して月に対して元九を憶う

銀台金闕夕沈沈　　銀台金闕　夕べに沈沈
独宿相思在翰林　　独宿　相思いて　翰林に在り
三五夜中新月色　　三五夜中　新月の色
二千里外故人心　　二千里外　故人の心
渚宮東面煙波冷　　渚宮の東面　煙波冷ややかに
浴殿西頭鐘漏深　　浴殿の西頭　鐘漏深し
猶恐清光不同見　　猶お恐る　清光　同に見ざるを
江陵卑湿足秋陰　　江陵は卑湿にして　秋陰足る

《通釈》宮中の煌びやかな建物に、夜は静かに更けていく。私はひとり翰林院に宿直しながら、君のことを思っている。十五夜の夜、大きく光る月の光。二千里も離れているあなたはどういう気持ちでこの月を眺めているだろうか。君のいる渚宮江陵の東側には、夜露立ち込める川波が冷たく揺れ、私のいる長安浴堂殿の西側には、時を告げる鐘や水時計の音が夜更けを知らせる。やはり気にかかるのは、君がこの清らかな月光を見られないのではないかということだ。なぜなら江陵の地は低くて湿気も多く、秋には曇りがちの日が多いというから。【陰】曇り。

(十) 水調歌頭　蘇軾

丙辰中秋、歓飲達旦、大酔、作此篇、兼懐子由

水調歌頭

丙辰の中秋、歓飲して旦に達り、大酔して、此の篇を作り、兼ねて子由を懐う

明月幾時有
明月　幾時よりか有る

把酒問青天
酒を把りて　青天に問う

不知天上宮闕
知らず　天上の宮闕

今夕是何年
今夕は　是れ何れの年なるかを

我欲乗風帰去
我　風に乗りて帰り去かんと欲するも

又恐瓊楼玉宇
又恐る　瓊楼玉宇の

高処不勝寒
高き処　寒に勝えざらんことを

起舞弄清影
起ちて舞い　清影を弄すれば

何似在人間
人間に在るに何似ぞ

転朱閣
朱閣に転じ

低綺戸
綺戸に低れ

照無眠
眠り無きを照らす

不応有恨
応に恨みは有るべからざるに

何事長向別時円
何事ぞ　長《とこしえ》に別時に向て円かなる

人有悲歓離合
月有陰晴円缺
此事古難全
但願人長久
千里共嬋娟

人に悲歓離合有り
月に陰晴円欠有り
此の事　古より全きこと難し
但だ願わくは　人の長久にして
千里　嬋娟を共にせんことを

《通釈》明月よ、いつから空にかかっているのか、盃を手にしながらこう青天に問う。天上の宮殿では、今宵は何年の中秋にあたるのだろうか。自分も風に乗って天上の世界に行ってみたいが、月の宮殿はかくも高いところなので、とても寒さに耐えきれまいと気がかりだ。せいぜい立ち上がって舞を楽しもう。月明かりのもとわが影法師を相手にたわむれると、やはり人間世界にいるほうが居心地がよい。月は美しい朱色の高殿をめぐり、やがて綺麗な戸口に月光が低く差し込み、眠れぬ人を照らし出す。月が人に恨み心などあるはずもなかろうに、どうしていつも人が別離に悲しんでいる時にかぎって美しい満月なのだ。人には悲しみと歓び、別離と会合があり、月には曇りと晴れ、満ち欠けがある。古来、人も月も常に全き姿というのはなかなか保てないものなのだ。ならばせめて愛する人がいつまでも変わらずにいてくれて、たとえ千里の彼方にあろうとも、この美しい月をともに眺めていたいものだ。【影】影法師。【陰】曇り。

㈦は、夏の日の静寂を詠んだ詩である。「緑樹」の「陰（こかげ）」が色「濃」いことから、夏の強い日射しと繁茂した枝葉を連想させ、池の水面に逆さまに映っている高殿の「影（姿）」から、波立つことなく鏡の如く静かな水面を思い起こさせる。前半二句は、「陰」と「影」を通していかにも夏らしい、輪郭のはっきりとした明るい風景を描いている。この詩における「影」と「陰」の用法は和歌にも見られる（本章第三節参照）。

㈧と㈨は両方とも作者が宿直をしていた時の詩作である。昼間の宮中は華やかで賑やかであるが、夜になると静けさが戻ってくる。㈧は宮中の華やかさと静かさを対比させながら、「花有清香月有陰」によって美しい春の夜を描いている。ここにある「月有陰」は月に雲がかかっていて、朧月を表す。

中国文学には、李白の「静夜思」や杜甫の「月夜」に代表されるように、月を媒介にして遠隔地で暮らす家族や友人の心を一つに結び、相手を思う情を千里の月光に託す発想がある。㈨では、白居易は長安で中秋の明月を見上げながら辺鄙な地・江陵に左遷された親友の元稹に思いを馳せる。しかし、「猶恐清光不同見、江陵卑湿足秋陰」にあるように、江陵が多湿で曇りがちな土地柄であるため、元稹はこの清らかな明月を見上げたくても、それを許される客観的な状況が周りにないのではないかと白居易は心配する。この詩の「陰」は、自然現象の「曇り」の意だけでなく、曇りによって明月を見上げることができないという心理的な翳りの意も含んでいる。

㈧と㈩は宋代の詩人・蘇軾の作である。㈩の「水調歌頭」は唐詩ではなく、宋代の詞《ツー》である。詞とは、唐代の燕楽《えんがく》（酒宴用の音楽）の楽曲に合わせて作られた歌詞がのちに音楽から独立して、宋代に盛行した韻文の一つである。「水調歌頭」は曲調を示す詞牌《しはい》のことで、詞のタイトルではない。

㈩にある「起舞弄清影」は李白「月下独酌」の「我歌月徘徊、我舞影零乱」を踏まえており、「清影」は、月光に映し出された自分の影（影法師）を指す。後半の「人有悲歓離合、月有陰晴円缺」の「陰」は「曇り」の意ではあるが、月の「陰晴円缺」を人生の「悲歓離合」に呼応させることで、人の別離と会合を月の満ち欠けに喩えている。「嬋娟《せんけん》」は元々女性の美しさを形容する言葉だったが、月の別称として用いられるようになった。満月は円満、一家団欒の象徴である。最後の「千里共嬋娟」には、たとえ離れ離れになって会うことができなくとも、中秋の明月を介して心を交わしていたいという詩人の願いが込められている。

このように、漢詩における「月」（とりわけ明月・満月）には人間の特別な感情が託されており、その月光を表す

「影」も、そのおぼろに霞んでいる月を表す「陰」も自然現象以外の意味を有することが多い。この月や月影に思いを託すという発想と表現は和歌にも見られるが、㈧と㈩にある「月有陰」は中国の独特な用法である。

日本語には、「日が陰る」という表現がある。『新明解国語辞典　第六版』によれば、「陰る（翳る）」は「今までさしていた光が（何かにさえぎられて）暗くなる」という意である。光が当たる状態から光が薄らぎ、前より暗くなるという明から暗へと変化していく様子を表す「陰る（翳る）」は日本独自の用法で、漢詩における「陰」と異なる。この移ろいゆく光の変化とその情景を表す「陰る（翳る）」は、先述の和歌⑦「花の上にしばしうつろふ夕づく日入るともなしにかげ消えにけり（風雅集・一九九）」における「かげ」の意味と重なる。「陰る（翳る）」は自然現象を表す一方、「悲しい知らせに表情が陰る（翳る）」のように、比喩的な表現にも用いられる。

日本語では、例えば「大空は梅のにほひに霞みつつくもりもはてぬ春の夜の月（新古今集・春歌上・四〇）」のように、月がおぼろに霞んでいる状態を、「かげ」ではなく「くもり」という和語で表している。漢字「陰《いん》」に「かげ」を当てた時に、「陰《いん》」の「曇る・曇り・陽に対して消極的な意味合い」が「かげ」にカバーされ、消されたのであろう。

以上、漢詩における「影」と「陰」の用例と用法を取り上げ、和歌とを比較しながら分析した。次節では、これらの要素を盛り込んだ授業構想を提案する。

五、和歌と漢詩の読み比べを用いた授業構想

【単元名】　和歌と漢詩の読み比べで「かげ・影・陰」のルーツを探ってみよう

【対象学年】　高等学校第二学年、第三学年

【単元目標】

(1)身近な言葉に問題意識を持ち、日本語の由来や変遷に対する興味を持つ。

(2)複数の辞書における言葉の解説を比較・整理しながら、言葉の意味を統合的に理解する。

(3)和歌と漢詩を読み比べ、鑑賞しながら「かげ・影・陰」の用法と表現上の共通点と相違点を比較する。

(4)同訓異字における和語と漢字の「力関係」に気づき、日本語の特質、言葉の由来、変化への理解を深める。

【評価規準】

(1)身近な言葉に目を向け、問題意識を持ち、既有知識を活用し解決方法を探ろうとする。

(2)複数の辞書における解説を比較することで、言葉の意味を統合的に理解し、自分の意見を持つことができる。

(3)和歌と漢詩を読み比べ、「かげ・影・陰」の用法や表現上の共通点と相違点を見出すことができる。

(4)漢字と和語の融合過程に見られる「力関係」を発見し、古語と現代語のつながりを理解することができる。

【単元概要】(三時間配当)

◆第一時

(1)導入として、次のように問いかけ、問題意識を持たせる。

i「オンライン授業の光とかげ」の「かげ」は漢字に置き換えたら、どの漢字で書くか。

ii「影」と「陰」に対して、どのようなイメージを持ち、それぞれどのような意味があると思うか。

iii「影響」「投影」「撮影」「幻影」「面影」「人影」「月影」「影法師」「影武者」「噂をすれば影」における「影」と、「光陰」「山陰」「木陰」「陰翳」「陰湿」「陰謀」「陰陽」「陰性」における「陰」の各々の意味は何か。

iv「それは人類の未来に大きな影を投げかけるものとなる」(25)の例を示す。「影を投げかける」と「投影」の意味やニュアンスはどう違うか。

(2)資料1（複数の辞書における和語「かげ」の解説と漢字「影《えい》」「陰《いん》」の解説。本章第三節・第四節参照）を配布する。それぞれの解説を比較しながら「かげ」「影」「陰」の意味を整理し、その相違点について考察する。

(3)「かく…書く・描く・掻く・欠く」「すむ…住む・棲む・澄む・済む」を例示しながら、同訓異字における和語と漢字の「力関係」について説明する。「かげ」の同訓異字「影《かげ》・陰《かげ》」にはどのような「力関係」があるかについて推測させる。

◆第二時

(1)四、五人のグループを作る。各グループで「影・陰・蔭」のイメージを図示する。

(2)資料2（第三節に取り上げた四六の和歌）を配布する。和歌における「かげ」の意味（とりわけ「光」「月光」の意味）、用字、用法を確認する。

(3)資料3（図1[26]）を配布する。図1は現代日本語における「影・陰・蔭・翳」の使い分けを図示したものである。各グループで、図1と各自のイメージ図を見比べ、和語「かげ」と漢字「影」における「光」の意は、現代語では消えていることに気づかせる。そして、「かげ」と「影・陰」の融合過程で、どのような意味の変化が生じたかについて、各グループで話し合う。

(4)班ごとの意見をまとめ、クラス全体で発表する。

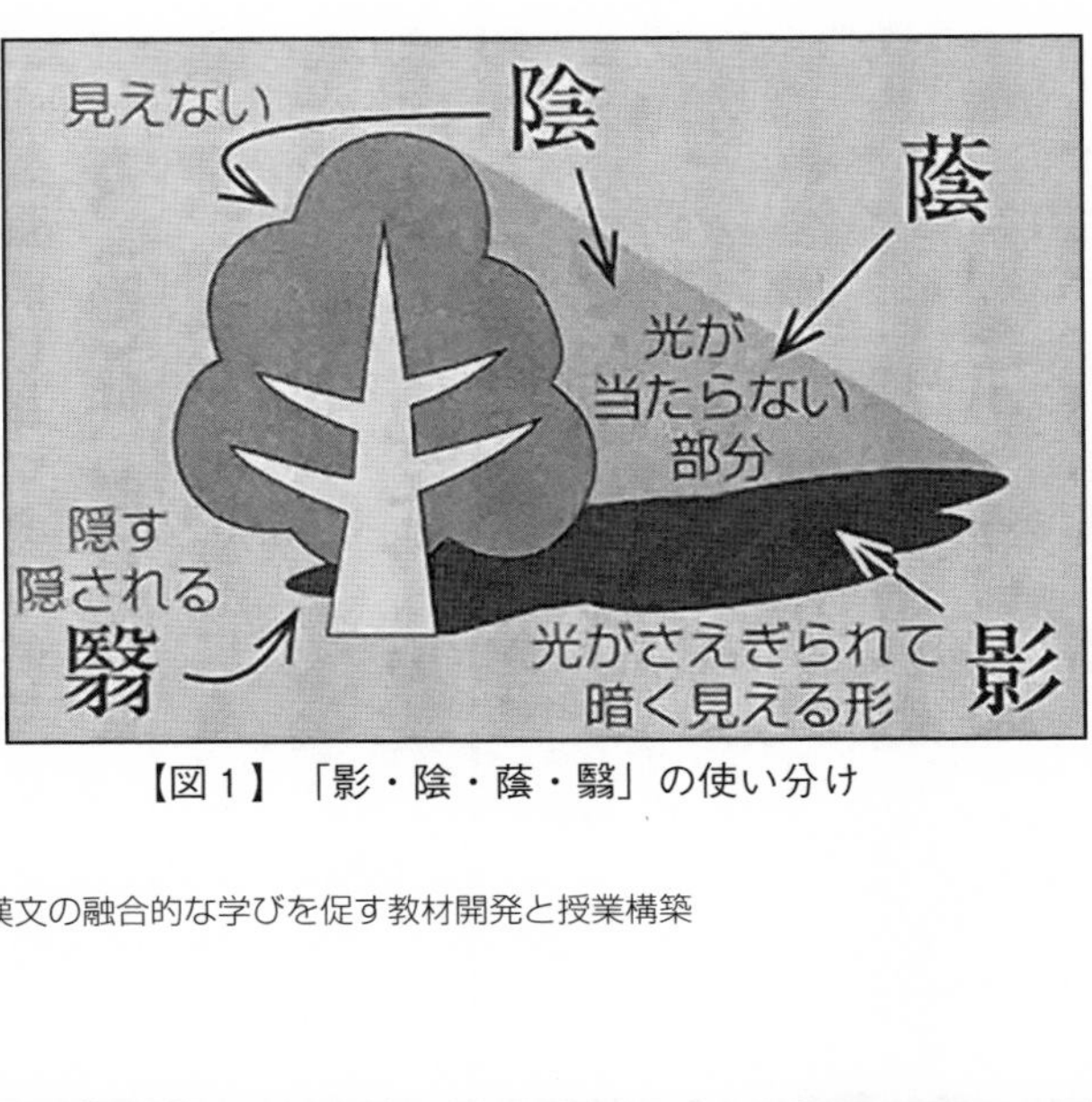

【図1】「影・陰・蔭・翳」の使い分け

◆第三時

(1) これまでの内容を振り返りながら、本時の授業内容を説明する。

(2) 資料4（第四節に取り上げた漢詩一〇首）を配布する。資料4の漢詩は既習したものが大半を占めるので、復習しながら、「影」「陰」に焦点を当ててそれぞれの内容を確認・理解する。

(3) 以下の通り、四セットの和歌と漢詩を提示し、読み比べを行う。※印は、読み比べる時のポイントを示す。

❶……………………………………………………

・⑦花の上にしばしうつろふ夕づく日入るともなしにかげ消えにけり（風雅集・一九九）

・㈠「鹿柴」（王維）

※和歌の「かげ」と漢詩の「返景」の意味、含蓄、詩境を比較し、両者の相違点や表現上の特徴を確認する。

❷……………………………………………………

・⑪梅が香に昔を問へば春の月答へぬ影ぞ袖にうつれる（新古今集・春歌上・四五）

・⑫見る人の袖をぞしぼる秋の夜は月にいかなる影か添ふらん（新古今集・秋歌上・四〇九）

・㈢「峨眉山月歌」（李白）、㈣「月下独酌」（李白）

※和歌と漢詩における「月」「影」の擬人化とそれによる表現上の共通点と相違点を確認する。

❸……………………………………………………

・㉘行く年の惜しくもあるかなます鏡見る影さへにくれぬと思へば（古今集・冬歌・三四二）

・㉙怨みても泣きても言はむかたぞなき鏡に見ゆる影ならずして（古今集・恋歌五・八一四）

・㈥「照鏡見白髪」（張九齢）

※和歌と漢詩における「鏡→影（自分の姿）→嘆く」という表現の〈型〉と両者の類似点を確認する。

❹

・大空は梅のにほひに霞みつつくもりもはてぬ春の夜の月（新古今集・春歌上・四〇）

・(八)「春夜」（蘇軾）、(九)「八月十五日夜　禁中独直対月憶元九」（白居易）、(十)「水調歌頭」（蘇軾）

※和歌と漢詩における「曇り」の表現や、漢詩の「月有陰」に見られる比喩的表現に着目し、日本語の「陰《かげ》」と中国語の「陰《いん》」の相違点を確認しながら、「陰《かげ》」における和語と漢字の「力関係」を分析する。

(4) これまでの学習活動で分かってきた和語「かげ」と漢字「影《えい》」「陰《いん》」の意味上の共通点と相違点を整理しながら、両者の融合によってできた「影《かげ》」「陰《かげ》」における和語と漢字の「力関係」を分析する。

(ア) 上代や平安朝の和歌には、「月光」の意を表す「かげ（影《かげ》）」の用例が多く見られた。

(イ) 和歌における「かげ」は「光・夕陽・姿・影」といった重層的な意味を持っていた（和歌⑦）。

(ウ) 和歌には「朝影㊲」「面影㉝～㊱」「心は君が影㊳」という日本特有の使い方と表現が見られた。

(エ) 中国の唐代では、「景」「影」による使い分けがなされ、「景」は「日の光」、「影」は「月光・姿・影法師・水面や鏡に映る姿」などの意を持っていた。これらの意味は日本語の「影《かげ》」にも受け継がれている。

(オ) 鏡に映った自分の姿を見ると寂しく悲しくなるという発想と表現は、漢詩にも和歌にも見受けられた。

(カ) 漢字「影」も和語「かげ」も元々「光」の意を持っていた。「影」は「彡（形や模様）」により、主に日や光に照らされて見える物の姿や、日や光が物体に遮られて、反対側にできる明暗のついた暗い像や輪郭を表すようになったと考えられる。また、「光」という言葉は古くから中国で使用されており、「影」と「光」の使い分けによって、「影」における「光」の意が自然淘汰されたのかもしれない。この意味変化は、日本語の「影《かげ》」にも影響を与えたと推測される。「影《かげ》」における和語と漢字の「力関係」は、漢字の勝ちと言えよう。

（キ）中国語の「陰《いん》」は「月がおぼろに霞んでいて、曇る」の意で用いられることが多い。漢詩における「月有陰」は、自然現象の「曇り」だけでなく、「悲しいこと」「気がかり」という比喩的意味も含んでいる。一方、日本語の「陰る（翳る）」は「光が何かに遮られて暗くなる」意で、「陰《かげ》」は「木陰」「山陰」のように「光が当たらない部分、見えない場所」を表す。どちらも中国語の「陰《いん》」とは異なる意味合いを持っている。「陰《いん》」は「かげ」が当てられたことで、その「曇る、曇り」の意が「かげ」に覆われ、消されたのであろう。「陰《かげ》」における和語と漢字の「力関係」では、和語のほうが強かったのである。

(5)本単元の学びを通して、日本語の由来、とりわけ和語と漢字の融合とその融合過程で生じた意味変化について気づいたことや考えたこと、疑問に思ったことをまとめ、ワークシートに記入する。

六、おわりに

「光と影（陰）」は、自然界の風景や世の中の事象を、具体から抽象まで網羅する哲学的な言葉である。「光」があるからこそ、「影・陰」が存在し、その逆もまた然りである。「光と影（陰）」という表裏一体の概念を一つの言葉で表す発想は、古代の日本と中国に共通して存在していた。しかし、本章の冒頭で言及したように、今日における「影《かげ》」は、「光」の意が薄れただけではなく、「光」の対義語としての暗いイメージを持つようになった。なぜこのような意味変化が生じたのか。本章では、この問題意識のもとで「かげ・影・陰」の本来の意味や和歌と漢詩の用例を分析し、その答えを探究するための授業構想を提案した。

日本語の歴史は、外国語の日本語化の歴史であるとも言える。そのなかでも、平仮名や片仮名といった文字体系の獲得や漢字かな交じり文の確立、和語の意味細分化と語彙拡充などは、漢字・漢語・漢文の日本語化があったからこそ実現したのである。一方、漢字に訓読み（和語）を与え、両者の融合を図る過程では、和語と漢字の相互作用によって言葉の意味が変化したものも少なくない。本章で取り上げた和歌と漢詩における「かげ・影・陰」はその一例である。このように言葉のルーツを探る学習は、日本語が歩んできた歴史を知り、日本語の特質を再発見することができるだけでなく、古語と現代語のつながりや脈々と受け継がれてきた言語文化への理解を深めることも期待できる。

本章で取り上げた和歌は数が多く、学習内容の焦点化と配当時間を考慮すると、和歌を精選する必要がある。また、漢詩教材では、「光」の意を表す「影」の用例が少なく、和歌との比較という点においては課題が残る。今回は主に既習した漢詩を活用したが、今後、学習内容の焦点化や難易度の調整、学習意欲の維持および漢詩と和歌のバランスを考慮しながら教材を精選、開発するように心がけたい。

和語「きく」には「聴く・聞く・訊く」という同訓異字がある。「音楽を聴く」「忠告を聞く」「道を聞く」「都合を訊く」といったように、これらの同訓異字には、「音声を耳に受ける」と「音声を発して尋ねる、問う」という反対の意味を併せ持っている。また、「生息」「子息」の「息（生きる・生まれる）」と「終息」「息災」の「息（終わる・やむ）」では、意味が逆になっている。なぜこのような対義語を一つの言葉に同居させているのか。日本語にはまだまだ多くの謎がある。今後も日本語のルーツを探る旅を続けながら、その教材開発と授業構想を模索していきたいと考えている。

注

（1）『日本国語大辞典　第二版』（二〇〇〇）小学館、第三巻・四八三頁
（2）『日本語慣用句辞典』（二〇〇五）東京堂出版、一〇六頁
（3）『高等学校学習指導要領（平成三〇年告示）解説　国語編』（二〇一九）東洋館出版社、一二〇頁
（4）沖森卓也（二〇一〇）『はじめて読む日本語の歴史』ベレ出版、九〇～九三頁
（5）中西進（二〇〇八）『ひらがなでよめばわかる日本語』新潮社、一九九頁
（6）大野晋（一九九三）『新版　日本語の世界』朝日新聞社、一四〇頁
（7）注6に同じ。一四〇頁
（8）注6に同じ。一四一～一四二頁
（9）『岩波古語辞典　補訂版』（二〇〇〇）岩波書店、二八八頁
（10）『語源辞典　名詞編』（二〇〇三）東京堂出版、五七頁
（11）注1に同じ。四八二～四八三頁
（12）原文の「かげに競ひて」は「光陰と競い合う」と訳されているが、「慌しく過ぎゆく日月に遅れじと、昼夜努めて怠らないこと」を意味する。「光陰」は月日、年月、時間を指し、「光」は日、「陰」は月の意。「光陰」と「かげ」の意味には隔たりがある。
（13）天皇や皇族の死を落日にたとえることは宮廷詩歌によく見られる。
（14）この和歌の表記と現代語訳は、『和歌と日本語―万葉集から新古今集まで』（篠田治美、藤原書店、二〇一二年、七一頁）による。
（15）「星合」とは、七月七日の夜、牽牛星（彦星）・織女星（たなばたつめ）の二星が相逢うことを指す。
（16）白川静（二〇〇五）『新訂　字訓』平凡社、一七二頁
（17）石川忠久・中西進（二〇〇四）『石川忠久　中西進の漢詩歓談』大修館書店、二一七頁
（18）田部井文雄（一九八八）『唐詩三百首詳解　上巻』大修館書店、一四六頁
（19）注14に同じ。七一～七二頁
（20）石川忠久（二〇〇二）『石川忠久　漢詩の講義』大修館書店、一五五頁

(21) 注17に同じ。二二六頁

(22) 石川忠久(一九八六)『漢詩の世界―そのこころと味わい』大修館書店、一〇九頁

(23) 今回調査した和歌には、「影法師」の用例は見当たらなかったが、『今昔物語集』にはその用例が見える。巻二八第四二話に「立兵者見我影成怖語《つはものだちたるものわがかげをみておそれをなすこと》」があり、その概要は次の通りである。

勇者ぶろうと腐心する受領の郎等がいた。ある日、早朝外出するので、妻が起き出して食事の用意をしようとしていると、板間を漏れた月光に写し出された自分の影を、妻は盗賊と思って寝ている夫を起こした。夫は、震えながら太刀を取って起き上がると、今度は壁に映った自分の影を、大刀を持った盗賊と思い、怖気づいた。妻に「あれを追い出せ。おれを見て震えていたから臆病者だ。おれは外出前に傷でも受けると困る。女なら切るまい」と言って寝てしまう。やむなく妻がまた出ていくが、その時に、夫の傍の障子がふいに夫に倒れかかった。夫は盗賊に襲われたと勘違いし、大声で悲鳴をあげた。腹が立った妻は、事情を説明し、盗人はもう出ていったよと告げた。障子が倒れかかっただけだと知った夫は、再び威張って、妻が盗人を逃してしまったのだと責めた。

この話の原文には、「己ガ影」が二か所、「我ガ飾《ふる》ヒケル影」が一か所で、計三回「影」が登場している。どれも「影法師」の意で使われている。

(24) 鈴木宏子(二〇一八)『「古今和歌集」の創造力』NHK出版、七二頁

(25) この用例は『朝日新聞』(一九八一・四・一八朝刊)による。なお、この用例は注2(一〇八頁)の「影を投げかける」の項に収録されている。

(26) 図1は『漢字の使い分けときあかし辞典』(円満字二郎、研究社、二〇一六、一三八頁)による。なお、図1「影・陰・蔭・翳」の使い分けについて、円満字は次のように説明している。

- 光が当たらない部分、見えない部分の場合は、《陰《いん》》を用いる。
- 光の具合によって見える形や色の場合や、光そのものの場合は、《影《えい》》を使う。
- 樹木の作る「かげ」の場合、助力・恩恵の場合には、《蔭《いん／おん》》を用いてもよい。
- 隠された部分を指す場合には、《翳《えい》》を使うと効果が高いが、やや特殊。

第五章

国語科教材開発と授業開発の方略を探る
——中等教育現場での実践に即した考察と提言——

町田 守弘

一、はじめに

中学校・高等学校の教育現場[1]に専任教員として勤務し国語科の授業を担当した後、大学[2]の勤務となって学会での研究発表や実践報告を聴いたり研究授業に参加したりして、中等教育に関わる機会を得た。授業の実践に加えて授業観察や授業研究という観点からも、授業開発に関わってきたことになる。

この間常に、どのような授業が学習者にとって効果的なものであるのかという課題に関心を抱きつつ、具体的な授業づくりを目指してきた。特に国語科がことばの学びを実現する教科であることを踏まえて言語活動の活性化を図ることを主な目標に据えたうえで、教材開発と授業開発を中核とした研究課題を掲げて、実践に即した研究を続けてきた。本章ではさまざまな授業研究を通して、改めて自らの実践した中等教育現場の授業を振り返りながら、具体的な授業開発の方略を明らかにするという観点から整理することにしたい[3]。

広く国語科の授業実践について考察し提案するに際して、中等教育現場での実践に即した研究を整理して改めて検討を加えるという趣旨から論述を試みる。特に、授業開発のための方略を確認しつつ整理することに主眼を置くようにした。

二、教材開発をめぐって

授業開発を論ずるに先立って、まず国語科の教材開発に関する方略を取り上げることにする。特に国語科の場合には、どのような教材を使用して授業を展開するのかということは、きわめて重要な課題となる。教科書教材のみに依拠することなく、指導者が発掘した自主教材を使用した、独創的な授業づくりが望まれる。

教材開発の前提として、的確な学習者理解が不可欠となる。指導者は常に学習者のいる「いま、ここ」を、適切に把握しなければならない。そのためにはあらゆる機会を捉えて、彼らの現実を理解するようにしたい。そして教材開発に際しては、可能な限り学習者の「いま、ここ」にふさわしい教材を取り上げる必要がある。

第一に、学習者の国語に対する興味・関心が喚起されるような教材開発が求められる。興味・関心の喚起は、学習意欲の醸成に直結する。興味・関心を抱くことができるような教材を用いることによって、学習者は自ずと授業に関心を寄せるようになる。それが学びのきっかけとなれば、授業の内容へといざなうことはさほど困難ではない。第二に留意すべきは、学習者にとって身近な場所に存在する素材に目を向けることである。一例を挙げれば、中学校および高等学校の新入生を対象とした授業開きの教材として、校歌の歌詞を扱うことができる。新たに通学することになった学校の校歌は、新入生にとっては新しく身近なもので、入学の喜びを実感する学習者にふさわしい教材となるはずである。ちなみに、わたくしの前任校の校歌[4]は「都のいぬゐ早稲田なる」という歌詞で始まる。この

「いぬゐ」ということばから、五十音図、いろはうた、そして十干・十二支を用いた古時刻・古方位の表し方の話題を提供することによって、授業開きに適した学びを実現することができる。早稲田大学校歌と同一の作詞者であり、「都のいぬゐ」が早稲田大学の校歌と同じ「都の西北」の意味であることを知った学習者は、ことばの学びに対して確かな手応えを感ずることになった。国語科の授業内容へといざなう授業開きの単元、とりわけ古典入門の単元として、校歌の歌詞の教材化は一定の効果を確認している。

ここでさらに配慮したいのは、学習者ばかりではなく、指導者自身にとってもまた興味・関心を抱くことができるような教材を用いることである。指導者が興味を抱くような内容の教材であれば、教材研究に意欲的に取り組むことができる。またその教材を用いた授業を展開する際にも、さまざまな工夫を凝らして、意欲を持って扱うようになる。

なお現代社会においては、学習者の周辺に多くの映像が溢れている。国語科の教材としては主として言語教材を取り上げるわけだが、静止画像を含む映像の教材化にも積極的に取り組むようにしたい。二〇二二年現在、映像を国語科の教材として用いる試みは、学習指導要領の言語活動例でも取り上げられているが、研究と実践のそれぞれの場面で話題になっている。

具体的な教材の選定に入る際に配慮すべき点は、教材の長さという点である。例えば文学作品の場合、作品のすべてを教材として扱うと、時間的な余裕に乏しく、長さの問題を考慮せざるを得なくなる。教科書に採録する際にも、全文を掲載するとなると、採録できる作品はかなり限定されてしまうのは事実である。特に中編や長編の場合には、作品の一部を採録して、その他の場面に関しては梗概を載せるなどの配慮をすることになる。ただし特に文学作品は可能であれば全文を読むのが理想であることから、短編からの教材の発掘が優先される場合が多い。また静止画像を含む映像や音楽を教材化する際にも、全体の長さという観点が重要な要素となる。

ただし本格的な単元学習を展開する場合には、中編および長編小説を教材として扱うことも視野に収める必要がある。長さの関係から教科書には一部しか採録されない作品を、あえて全文を読むという方向で扱うことも工夫してみたい。わたくしは夏目漱石の「こころ」のほか、井伏鱒二の「黒い雨」、野坂昭如の「火垂るの墓」、宮本輝の「螢川」などの作品を、教材費で当該作品が収録された文庫本を購入したうえで、教材としてすべての学習者に配布して、授業で全体を扱ったことがある。具体的な指導過程に関しては、第六節で言及する。なお中編もしくは長編小説を扱った際には、定期試験の問題は、教材とした文庫本を持ち込んで参照可能という形態を前提として出題を工夫したことにも触れておきたい。

小説教材の開発に際しては、その教材をどのように扱うかという課題、すなわち授業開発を関連づけて取り組むことにした。特に小説の表現と映像の表現の比較という観点から授業を展開することを前提として、映画化された文学作品を積極的に取り上げることを検討した。なお先に挙げた「黒い雨」「火垂るの墓」「螢川」に関しては、映画化された小説という観点を含めて開発した教材であった。

教科書教材を参考にしつつも、いわゆる自主教材として指導者自身が開発したものを積極的に取り入れるようにしたい。しかしながら、特に新教材ではない教科書教材を扱う際にも、授業方法を工夫することによってまったく新しい教材として位置づけることも考えてみた。例えば高校二年生の「現代文」の授業で、教科書採録の評論教材の読解を済ませた後で、その内容に関連してグループごとにテーマを掲げ、定めたテーマにふさわしいストーリーを戯曲の形式で創作したうえで、役割を決めて朗読劇を作成して録音するという授業を工夫したことがある。なおここで録音という方法を取り入れたのは、朗読劇の発表に際して効果音やBGMなどを取り入れることができるように配慮したことによる。グループ単位で作成された朗読劇は、その後の授業においてクラス全体で鑑賞することにした。この場合、教科書の評論教材は単なる「読むこと」の教材としてだけでなく、広く表現と理解の領域を接続するための素材となった。教材開発に関しては、新しい教材の発掘に留まらず、教科書教材であっても指導法の開発によって、新たな教材としてのさまざまな可能性を追究することができる。授業開発の前提となる方略として、教材開発を考えるようにしたい。

三、効果的な授業開発に向けての方略――「研究の手引き」と「授業レポート」

前の節では、主に教材開発に関わる話題に言及した。本節からは、具体的な授業開発についての検討に入る。授業開発のための具体的な授業づくりは、何のために、何を、どのように扱うのかを決めることから出発する。すなわちまずその授業の目標を定め、続いてどのような教材を用いるのかを吟味したうえで、その教材を使用した授業の展開を構想することになる。

授業の目標としては、個々の学習者の学力育成に深く関わるものが求められる。その授業を通して、学習者にどのような国語科の学力をつけるのかを明らかにする必要がある。目標が定まると、自ずと授業の中心になる活動が見えてくる。

効果的な授業づくりのためには、教材開発が重要であることはすでに触れた。教科書教材のみに依拠するのではなく、指導者と学習者がともに関心を寄せるような分野から、効果的な自主教材の開発が求められる。使用する教材が決まったら、その教材の扱い方の検討に入る。その際には、一人ひとりの学習者の状況に配慮しながら、学習者の側に立った授業を構想するようにしたい。

授業開発の方略を考えるに際して、まず原則としてすべての授業で取り入れた方法について紹介する。わたくしは授業の具体的な構想を、そのまま学習者に開示するようにしている。すなわち個々の授業のレジュメとしての意味合いから、「研究の手引き」と称する資料を原則としてすべての授業時間ごとに作成することにした。その内容は、まず「目標」として冒頭に授業の目標を明らかにして学習者の自覚を促すことにする。この「目標」はそのまま後述する「授業レポート」の「評価」の観点となる。続いて実際の授業における学習の展開について、指導過程に従って順を追って主な活動を整理する。当該授業における学習活動について番号を付して箇条書きで提示することによって、どのような手順でどのような学びが展開されるのか、あらかじめ学習者が理解して授業を受けるように心がけることにした。そして末尾に評価に関する項目も入れて、学習者が自ら学習の振り返りができるように配慮する。なお、特に自主教材を用意して授業中に参照するようなときには、「研究の手引き」とは別に、「研究資料」と称するプリントに教材の内容を整理するようにしている。

授業では主に「研究の手引き」および「研究資料」を用いるわけだが、それらとともに「授業レポート」と称するワークシートを作成して配布する。これらの資料のサイズと様式は、すべてＡ４サイズ横書きに統一した。「授業レポート」は、学習者が授業中に記入するという形式になっている。個人の考えをまとめる「個人レベル」と、クラスで出された意見や指導者の解説を記録する「クラスレベル」、およびグループ学習が導入された場合には、「グループレベル」の欄を設けて、自身の意見とグループやクラスで提起された意見とを書き分けられるように配慮した。授業で使用する資料としての「研究の手引き」「研究資料」と「授業レポート」はそれぞれ印刷して、授業の際に配布する。学習者は「研究の手引き」の記述を確認しながら受講しつつ、必要に応じて「研究資料」を参照したうえで、「授業レポート」に自らの考えや授業中に話題になったことなどをまとめて、授業終了時に提出することになる。

提出された「授業レポート」には、一人ひとりの学習者の学びのドキュメントが端的に表れている。「授業レポート」の記述を分析すると、指導者にとっても授業内容の振り返りが可能となる。多くの学習者が的確に記入している項目は、概ね充実した学習が展開できたことを意味する。反対に複数の学習者がうまくまとめられなかったような項目は、授業構想の段階で何らかの問題があったことが示唆され、具体的な問題点を確認しつつ対応を検討することになる。そして「目標」に対応した「評価」の項目では、その授業の目標が達成できたかどうか、五段階での自己評価が示されることで、特に「1」や「2」の評定が多かった目標に関しては、次の授業で補填することを考える。以上のように、授業終了後に「授業レポート」を点検することによってさまざまな振り返りが実現できて、次の授業づくりに向けての課題もまた明らかになる。

なお「授業レポート」には、「本日のひとことメモ」(以下「ひとこと」)と称するコーナーを欄外に設けて、授業の感想や質問、さらに授業以外の話題でも学習者の近況などを自由にメモできるように配慮した。この欄には多様なメッセージが寄せられるわけだが、学習者の反応が直接表れる場所として注視したい。「ひとこと」の中には授業に対する批判的なコメントも含まれるが、その多くは指導者の側の反省事項として参考になるものであった。学習者が書いた「ひとこと」に対しては、必ず指導者の側からも返信のコメントを記入してから返却するように心がけている。この「ひとこと」を通した学習者とのコミュニケーションは、彼らとの好ましい人間関係の構築のためにも有効に機能すると思われる。

「授業レポート」は次回の授業時間までに点検して、全員に返却することにする。内容および表現が特に優れていると判断した箇所、問題があった箇所にそれぞれ下線を引き、誤字や脱字などは気が付いた範囲で指摘する。前述の「ひとこと」の返信などを記入して次の時間に返却するというのは、指導者にとっては負荷がかかるのは事実である。しかしながら、負担相応の効果が期待できる取り組みと判断して、随時改訂を加えながら継続することができた。

学習者は各自ファイルを用意して、「研究の手引き」と「研究資料」、そして返却された「授業レポート」をストックするように指示をした。彼らはこうして、自らの学びのドキュメントを積み重ねることになる。このファイルは学期の終わりには提出させて指導者が点検したうえで、ポートフォリオ評価として活用することができる。

以上のような取り組みを続けてきたが、これを一つの方略として位置づけることができる。ただしすでに触れたように、方略の成果を出すためには、指導者の側にとって相応の負荷を覚悟しなければならない。効果的な授業開発のために必要なことは、指導者の授業づくりにかける情熱である。どの校種においても教育現場の業務は確実に増加傾向にある。業務の効率化を図るためのＩＴ機器の導入は、皮肉にもかえって業務を増やしてしまったような場面もある。学内外のさまざまな研修や課外活動の支援等も増えて、学習者の多様な問題に対応するためにも、多くの時間が必要になっている。肝心な授業づくりにかける物理的かつ精神的な余裕が限定的になったという現実の中で、指導者は絶えざる情熱と意欲を持って、教育の原点でもある授業にしっかりと向き合う必要がある。

四、「話すこと・聞くこと」の授業開発――新教材の開発による「聞き書き」の実践

これ以後の節ではわたくし自身の実践に即して、国語科の領域ごとに授業開発の方略を紹介することにしたい。まず「話すこと・聞くこと」の領域に関しては、「書くこと」および「読むこと」と比較すると、効果的な学習指導が展開しにくいという実態がある。教材の選定から授業の構想に至るまで、具体的な授業づくりが困難な領域ということになる。その理由の一つは、指導者自身がこの領域に関する指導を受けた経験に乏しく、十分な指導の体系を確立していないことにある。一例を挙げると、効果的な朗読の指導を展開するのは、技術的な側面を含めて困難なことである。指導者が朗読について専門的な知見を得る機会は決して多くはないことからも、実際の授業のイメージが持ちにくいという事実がある。

「話すこと・聞くこと」の領域が活性化しない理由としていま一つ考えられるのは、入学試験科目としての国語では、問題の出題傾向として問題文の読解と作文に重点が置かれていることである。音声言語に関する入試問題が出題されにくいという実態も、この領域の指導の活性化を妨げている一つの要因になっていると思われる。

さらに視野を広げて考えてみると、現代の日常生活の中から「話すこと・聞くこと」に関わる場面が減少しているという事実が浮上する。自動販売機やコンビニエンスストア、さらにインターネットでの物品の購入が普及したことによって、店員との間で直接ことばを交わすという場面が著しく減少した。いま一つ注意したい社会的な背景として、テレビ番組におけるテロップ（スーパー）の増加がある。ニュースを始め、多くの番組にテロップが用いられるようになった。もちろんその効果は認められるものの、映像に出てくる人物の談話のほとんどが文字化されることから、視聴者は人物の話を注意深く聞くことを止めて、テロップの文字情報のみに目を通すようになってしまった。話を聞くよりもテロップを見る方が、効率よく瞬時に情報を得ることが可能になる。テレビにおけるテロップの普及は、「聞くこと」に関わる能力を減退させることになりかねない。

スマートフォンが中学・高等学校の学習者の世代に定着したものの、通話よりもＬＩＮＥやＩＮＳＴＡＧＲＡＭなどのＳＮＳの機能が多く用いられるようになった。直接顔を合わせて声をかけ合う「話すこと・聞くこと」に関わる原初的なコミュニケーションの在り方そのものが衰退しつつあるという現象が、学習者の世代に及ぼす影響は深刻である。

「話すこと・聞くこと」が衰退するという傾向は、二〇二二年現在新型コロナウィルスによる感染症防止の観点から、学校にオンライン授業という形態が普及したことによってさらに広がっている。学習者は指導者や仲間たちと直接会って話す時間よりも、ともすると黙ってパソコンのディスプレイと向き合う時間の方が長くなっている。指導者においても成績処理などの学校業務のシステム化に伴い、学習者と直接対話する時間が確実に少なくなっているような気がしてならない。

日常生活における「話すこと・聞くこと」に関わる具体的な場面の減少が、国語科におけるこの領域の指導が活性化しないことの一因と思われる。現代社会の状況を的確に分析したうえで、指導の充実を追究することは、これからの国語教育の重要な課題となる。

国語科の授業で「話すこと・聞くこと」の領域を扱うときに特に配慮したいのは、授業の中に学習者の日常生活に直接つながるような場面を設定することである。「話すこと・聞くこと」の領域を取り立てて授業を展開することと並行して、音読・朗読、発表、そして話し合いなどの場面で、さまざまな学びが実現されるように心がける必要がある。そしてこの領域に特化した単元を編成する際には、「聞き書き」と「演劇」の活動を工夫することを提案したい。これらの活動は国語科教科書には取り上げられる機会が多くはないが、「話すこと・聞くこと」領域の指導の活性化のためにも、今後教材開発と授業開発を推進する価値があると考えている。

「話すこと・聞くこと」の領域に関わる授業開発の方略として、以下に聞き書きを取り上げてみたい。聞き書きに関する注目すべき先行研究に、下沢勝井の「『ききがき』教育の展望」[5]がある。この論文によれば、聞き書き教育には二つの意義があるという。その一つは「変容の時代を生きる証言集」としての意義、いま一つは「ききがきを通して通じ合える人間関係の回復」をもたらすという意義ということになる。下沢は、「能動的な言語活動を通しての体験学習・問題解決学習」として聞き書きを捉えたうえで、「教科国語というセクションに主要な位置を占める学習活動であることは確かだが、同時に教科のセクションを踏み越えていく総合学習」という観点から、その教育的意義を明らかにした。聞き書きの教育的意義を考える際には、下沢の指摘した点に配慮するようにしたい。

聞き書きの単元は、学習者にとって身近な家族や恩師や先輩などの人物に直接会って話を聞き、その内容をまとめるという活動を中心に展開することになる。人生の先輩でもある人物の、特に学習者と同じ世代のころのさまざまな出来事を聞いて、その人が過ごした時代がどのような時代であったのかを想像し、現代との比較を試みることが一つの目標である。実際の授業では「話すこと・聞くこと」と「書くこと」の領域にそれぞれ関わる総合単元で、多様な国語科の学びが展開されることになる。

聞き書きの単元では、まずどのような人から話を聞くのかを決めることになる。話を聞く相手が決まったら、先方に手紙もしくはメールを届けて、依頼するに際しての趣旨をまとめつつ相手の意向と都合を問い合わせる。それと同時に、聞き書きをどのように進めるのかについて準備を整えるようにしたい。手紙やメールで先方の都合を確認してから、直接その人に会って話を聞く。そのうえで、聞き取った情報を確認しつつ記録としてまとめるという活動が展開される。

ここで聞き書き単元の実際として、わたくし自身の前任校における一九九七年度の高等学校三年生を対象とした「現代文」の実践[6]の概要を紹介することにしたい。この年度では前期の主な教材として、村上春樹の『アンダーグラウンド』（講談社、一九九七）を用いることにした。『アンダーグラウンド』の教材化を考えた理由としては、まず多くの読者を獲得する村上春樹という作家のノンフィクションであり、当時の最新の作品であったことが挙げられる。加えて現代を生きる一人ひとりの学習者に、「生きること」についての問いを投げかけてみたいという思いがあった。さらに彼ら自身に村上春樹と同じ立場に立たせて、実際に聞き書きを体験させることに配慮した単元を構想することになった。

『アンダーグラウンド』は、村上春樹が初めて取り組んだノンフィクションとして話題になった作品だが、その内容とは一九九五年三月二〇日の「地下鉄サリン事件」に関わるものであり、六二名に及ぶ事件の被害者に、直接村上がインタビューをした記事をまとめた記録となっている。『アンダーグラウンド』に登場するのは、すべてが地下鉄サリン事件の被害者と被害者に関わる人たちである。加害者の側は前面に出ることはない。著者の村上はまず、事件の被害者であるインタビュイーのプロフィールから紹介するという形式を取った。「地下鉄サリン事件」というと、とかく加害者に関心が集中し、被害者の真実は語られることが少なかった。そこで村上は、改めて被害者一人ひとりの物語に耳を傾けようとしたことになる。

『アンダーグラウンド』を主たる教材として扱うに際して、いくつかの関連資料(7)を教材化した。さらに教材の読解に入る前に、村上春樹の小説の一節(8)を紹介して、特徴的な文体に触れるように配慮した。村上春樹という作家にはすでに自主的な読書において出会っている学習者もいて、「現代文」の授業で現代作家の話題作に直接接することから、興味・関心を抱く者が多かった。

授業ではまず、『アンダーグラウンド』の「はじめに」と「目じるしのない悪夢」の一節、そして三人の被害者の方の記録を扱うことにした。具体的には「豊田利明」さん、「明石志津子」さん、「和田嘉子」さんの記録である。豊田さんの記録を選んだのは、その生き方と考え方が明瞭な形で読み取れたこと、さらにＮＨＫの特集番組に登場することで、本文とテレビのニュース番組の映像との比較ができることを期待したからである。明石さんの記録は、内容がきわめて衝撃的である点に加えて、『アンダーグラウンド』の中で唯一村上自身の文体を表に出してまとめられたものという理由から選択した。和田さんの記録は、直接的な被害者ではなく、夫を失うという悲劇の中の日常が鮮やかに描かれたという理由から、教材としたことになる。

授業は一九九七年三月二四日付『朝日新聞』（夕刊）の記事を紹介して、まず『アンダーグラウンド』という本がどのような内容のものかという点を理解させるところから出発した。「地下鉄サリン事件」に関わる内容であること、この事件の被害者に村上が直接インタビューを実施した内容がまとめられていること、加害者の側の「物語」に対抗できるものを作るための試みであることなどを、資料を参照しつつ学習者は受け止めた。続いて「はじめに」の一節を読んで、村上春樹がこの本をまとめた意図について考えることにした。

授業では続けて、一人の記録につき二時間ずつを費やして、本文を読み進めた。先に紹介した三人の被害者の方の記録を、豊田さん、明石さん、そして和田さんの記録という順序で読み進めることができた。授業は学習者が特に印象に残った箇所、および重要と判断した箇所について、理由を添えて発表するという形態で展開した。和田さんの記録を読んだ後で、「後書き」に相当する「目じるしのない悪夢」の一節、および一九九七年六月四日付『朝日新聞』(夕刊)の記事によって、授業の総括をした。

表現の問題と連動させながら、内容面の総括を試みたわけだが、『アンダーグラウンド』の中には、「生きる」という大きなモチーフが含まれていることを学習者は発見した。今回の授業を通して、「地下鉄サリン事件」という社会問題への関心が喚起され、学習者が新聞や雑誌の記事に目を止めるようになったことも事実である。さらにマスコミの報道の在り方や、ノンフィクションというジャンルに対する関心も強くなった。

『アンダーグラウンド』の総括として、実際に聞き書きをするという活動がふさわしいという判断から、前期末に『アンダーグラウンド』の授業を終えた後で、夏休み期間を利用して聞き書きに取り組むという課題を課した。課題としては、「生きること」に関わるメッセージを引き出すことを目標に、先に引用した下沢勝井の言う「変容の時代を生きる証言集」を作ろうという目的から話を聞く相手を選ぶことにした。

夏休みが終わって提出された聞き書きの課題において、最も多かったのは父母から生まれ育った時代の状況を聞くというものであった。クラブのコーチや先輩からクラブ活動に関わる話を聞いたり、学校や学習塾の指導者から身近な教育の話を聞いたりした学習者もいた。聞き書きの意義として、「聞く」活動と「書く」活動とを関連させた総合的な体験学習を実現するという点が挙げられるが、インタビューとインタビュアーとの間に一つのコミュニケーションが成立することもまた重要な意義と見ることができよう。父母から話を聞いた学習者は、父母の生き方や考え方を知ったことに満足感を表明した。聞き書きの提出をもって、『アンダーグラウンド』を教材とした授業は終了する。完成した聞き書きは授業中にクラス内で共有して、相互評価をすることにした。時間に余裕がある場合には、提出された記録を編集して、聞き書き集を発行するという活動も取り入れてみたいと思う。

本節では「話すこと・聞くこと」の領域に関わる授業として、聞き書きという活動を取り上げた。先に引用した下沢勝井の言説にある「教科のセクションを踏み越えていく総合学習」という点にも、この領域の授業開発の方略を見出すことができる。「話すこと・聞くこと」の領域の授業の活性化のためにも、聞き書きを取り入れた授業の可能性をさらに追究するようにしたい。

五、「書くこと」の授業開発——書くことへ向かう意志を引き出す「交流作文」の実践

続いて本節では「書くこと」の領域の学びを取り上げる。学習者が文章を書かないという声をよく耳にするが、実態としてはかなり多くの「書くこと」の活動に関わっていると思われる。その実例として、子どもたちがスマートフォンを所持してＬＩＮＥの交換に熱中する場面を想起することができよう。ＳＮＳを通して膨大な量の書き込みがなされる場面において、書き込む主体の多くは若い世代である。彼らは決して書くことが嫌いというわけではない。子どもたちの現実を的確に捉えたうえで、「書くこと」へと向かう意志を生かした教材開発および授業開発が求められる。授業という場所で学習者の日常に内在する表現意欲を喚起すること、すなわち「書くこと」に対する興味・関心を育てるという点を、「書くこと」の授業の主な目標として位置づけておきたい。あわせて、実際に書くという場面を設定して、活動を通して学力の育成を図るようにしたいと思う。

『月刊国語教育研究』（二〇〇三・七）の「問題提起」(9)において、府川源一郎は学習者の間で当時例外なく所持され、最も身近なコミュニケーション・ツールとなった携帯電話に着目した。携帯電話はマンガやゲームと同様に、

学校への持ち込みが禁止されている現場があった。学校の価値観との親和性に乏しいという理由、および危機管理上の理由から慎重な対応が求められることが多かったわけだが、学習者の携帯電話への異常な関心の強さは、学校での規制を遥かに超えていた。

府川は、「ケータイ作文の可能性」と題するこの「問題提起」の中で、携帯電話に関して次のように述べている。

そこで交わされる情報をたわいないおしゃべりにすぎない、と切って捨てることは簡単だ。だがもしかすると、コンパクトな表示画面と、制約されたキー操作という条件のもとで、新しい文章表現様式が生まれている可能性があるかもしれないではないか。それを教室実践の中でさらに追求し、新たな作文の指導として位置づけることはできないだろうか。

学習者の現実に着目し、その現実の中にある素材を「切って捨てる」ことをせず、逆にその素材の「可能性」を取り上げて、新たな授業を構想するという府川の問題提起は、学習者の「書くこと」へと向かう意志を尊重するというわたくしの問題意識につながる。

府川は生活綴方における洋紙や謄写版、そして文集や雑誌という媒体の持つ意味に注目しつつメディアの特徴に言及したうえで、この「問題提起」を次のように締め括っている。

（前略）従来の作文とケータイのメールとの連続性と同質性を視野に入れた国語の授業が構想できるはずだ。おそらくその試みは、文章の「現在」を、ほかならぬ教室の中で創り出していく可能性がある。

府川の言う「ケータイ作文」とは、まさしく学習者の現実の側から立ち上げられた国語科の学習活動にほかならない。スマートフォンによるＬＩＮＥ交換に加えて、さまざまなＳＮＳへの「書き込み」にも着目する必要がある。感情的かつ断片的な内容ばかりではなく、ネット上でのディベートとも称すべき論理的なことばの応酬も見られる。多くの場所に書き込まれた表現には、投稿者の個性の一端を垣間見ることもできる。このようなＳＮＳへの書き込みを含めた「書くこと」の可能性を追究してみたい。これからの「書くこと」の学びにおいては、府川の言う「文章の『現在』を、ほかならぬ教室の中で創り出していく可能性」を拓くことを、主要な目標の一つとして位置づけたいと考えている。

ところで「書くこと」の最も基本的な課題は、次の二点である。

①何を書いたらよいか。

②どのように書いたらよいか。

この二つの課題に応えるためにさまざまな「書くこと」の学びが構想され、実践されてきた。そしていま一つの重要な課題は、書くことに対する学習者の興味・関心を喚起するという点にほかならない。学習者の中には、常に書きたいという意識がある。LINEのトーク機能を例にしても、膨大な量の書き込みがなされるという現実は、彼らがいかに書きたいという意志を持っているかという事実を端的に物語っている。わたくしはそれを「書くことへ向かう意志」として把握したうえで、その意志を引き出すような学びを構想してきた。そこで本節では、学習者の書くことへ向かう意志を生かしつつ、先述した二点の基本的な課題に応える学びとして、わたくしが開発した「交流作文」の試みの概要を紹介する。

「交流作文」とは、その名称の通り、学習者の「交流」を主要な活動として設定するものである。先に掲げたLINEに即して考えると、まず書く相手が存在すること、そしてその相手からの反応が返ってくることが、重要な前提となる。「交流作文」では、この二つの要素にそれぞれ着目する。すなわち、「交流」する相手を決めて「書くこと」の活動を試み、その相手との交流の実現によって、さらなる書くことの活動へとつなげる試みが「交流作文」ということになる。

具体的な実践に即して述べるなら、「後輩へのアドバイス―中学校生活を充実させるために」と称する単元を構想することができる。この単元ではまず中学三年生の学習者が、同じ中学に入学した一年生の後輩に向けて、「中学校生活を充実させるために」というテーマでメッセージを書く。その内容を吟味し推敲したうえで手紙を意識した所定の用紙にまとめる。それを実際に手紙として中学一年生の学習者に届けて、先輩からのアドバイスを読むようにする。そのうえで、今度は一年生からの返信という形式で、礼状の意味も含めて感想をまとめさせ、再度三年生に戻すという活動を展開することになる。

中学校に二年間以上在籍して、さまざまな状況を体験してきた三年生にとって、「中学校生活を充実させるために」というテーマはきわめて身近なものであり、それを後輩に伝えるという場面設定もまた、書くことへ向かう意志の喚起に直結する。そして後輩からの返信が戻ってくることから、自らのアドバイスが後輩に実際にどのように伝わったかということについて評価する貴重な機会になる。また中学一年生の側からも、同じ学校に通う先輩からのさまざまなアドバイスは有意義なもので、礼状の意味合いを込めた返事を書くという活動にも意欲的に取り組むことができる。

このように、「交流作文」では、具体的な相手が設定され、さらに相手からの反応が期待できるところに重要な意味がある。最も手軽に実践ができるのは同じクラス内の交流だが、可能な範囲で同じ学校の異なる学年での交流、さらに他の学校との交流が実現すると、学習者の関心はさらに高まるはずである。「交流作文」は、「交流」を実現したいずれの側にとっても楽しくてかつ意義のある活動となることが重要な特色と言えよう。

続いて、大学生と高校生（もしくは中学生）との交流を意識した「交流作文」の実践を紹介したい。わたくし自身、大学において担当した教職課程科目の「国語科教育法」において、「交流作文」の実践を取り入れてきた。それは、大学の授業で受講者の学生が高校一年生に取り組ませる作文の課題を検討することから出発する。具体的には一〇分間に二〇〇字の短作文を書くことを前提として、適切な作文の課題を工夫することになる。さらにその課題で作文を書くという場面において、「ミニ・レクチャー＝書き方のヒント」と称する効果的に書くための技術的な助言を工夫して紹介する。さらに評価の観点を二項目設定する。

「国語科教育法」の授業は、作文の課題、書き方の具体的な支援、そして評価の観点についてのレクチャーから始める。そのうえで受講者に短作文の課題と書き方の言語技術、さらに評価の観点の提案を促す。提案された課題等はグループを編成して検討を加え、必要に応じて修正することにする。

大学生が出題してグループでの検討を経た短作文の課題、および書くための言語技術の話題提供、二項目の評価の観点についてすべて所定の用紙に整理する。回収した課題等は一度指導者の側でも目を通して、明らかな誤りがあれば訂正させる。点検を経た課題等は高校側に依頼して、授業時間中に高校一年生が大学生の出題した課題に取り組むことになる。高校生は「ミニ・レクチャー＝書き方のヒント」を適宜参照しつつ、課題に即して作文を実際に書く。その後で高校生には、課題に対する感想も記入するように依頼する。こうして完成した高校生の作文は、そのまま出題した大学生のもとに戻されることになる。続いて大学生の授業では評価についての検討を経て、戻ってきた作文をあらかじめ定めた観点に即して評価を実施し、評価言としてのコメントを記入したものを、再度高校生に戻すことになる。高校生からの感想は、出題者の大学生にとっては厳しい内容も含まれているが、大学生にとっては自身の作文課題等が適切なものであったかどうかを振り返る貴重な資料となった。

なお、高校の指導者に依頼して、可能であれば大学生一人の提出した課題について、複数の高校生が取り組んだ結果を戻してもらうようにすると、評価の際に比較ができてさらに有意義な活動となる。高等学校の側の協力が得られるような場合には、一人の大学生の出題に対して、コピーを用いて三人程度の高校生が同じ課題に取り組むような配慮を依頼することにした。

参考として、以下に二〇二一年度の「国語科教育法」受講者の学生五名が考案した短作文の課題を紹介する。(10) なお、このときの対象学年は高校三年生であった。

①全国学校図書館協議会は一か月間（五月）に読んだ本の数の平均を小中高生を対象に毎年調査しています。第六五回「学校読書調査」の結果によれば二〇一九年の高校生の読書量は一・四冊と、小学生一一・二冊、中学生四・七冊に比べると少ないことがわかります。また、不読者（一冊も本を読んでいない人）の割合は小学生で五・六％、中学生で一五・〇％、高校生で五〇・四％と、圧倒的に高校生に不読者が多いのです。このように高校生が読書をしない理由はなんだと思いますか。また高校生の読書量を増加させるにはどうすれば良いと思いますか。あなたなりの考えを述べてください。

②三年生になって進路について考える中で、大学進学後の自分の将来について考える機会も増えたと思います。大学卒業後は就職するという人が多いと思いますが、ＡＩの登場により近い将来には無くなると言われている職業も多くあります。ＡＩはさらに進化していくことが考えられますが、ＡＩに奪われない職業に共通する特徴はなんだと思いますか。

③一八歳・一九歳の少年の犯罪について厳罰化する内容の改正少年法が二〇二一年五月二一日に参院本会議にて与党の賛成多数で可決、成立しました。具体的には、二〇歳未満の者（「少年」）が刑事裁判にかけられる際に適用されていた特例が適用されなくなり、少年の実名など身元が明らかになる情報を含めた報道が可能になります。また、特に一八歳・一九歳の少年については「特定少年」というカテゴリーに分類され、少年法適用の制限や成人と同様の刑事手続きで処罰されることが増えるようになります。そしてこの少年法の適用範囲の減少により、今までよりも重い処罰を受ける少年が増えることになると予想されます。あなたはこの少年法改正について賛成ですか、反対ですか。理由を明記してご自分の意見を述べてください。

④オンライン授業の是非について自分の立場を明確にし、客観的な根拠を述べるなど読み手にとって説得力が

あるように、自分の意見をまとめてください。

⑤これまでに読んだ文学作品の中から印象に残っている作品の紹介文を作成しなさい。（評論文であれば内容の要約、物語文であればあらすじの説明を盛り込むこと。）

相手が高校三年生ということで、大学生が用意した課題は社会問題が中心で、中にはスマートフォンで調査した具体的なデータを引用したものも見られた。ちなみに①の課題を出題した学生は、「ミニ・レクチャー＝書き方のヒント」に次のようなメッセージを寄せている。

「学校読書調査」によれば高校生の本離れは今に始まったことではなく、一九八九年の調査でも高校生の不読者率は既に五七％で、一九九七年には六九・八％にもなっています。一か月の読書量も一九八九年の一三冊からずっと横ばいです。これも踏まえて、高校生特有の原因を考えてみてください。また解決策に関しては、現代の高校生は普段どのような媒体（テレビ？　スマホ？）を多く目にしているかも考えるとよいでしょう。

このような大学生と高校生との「交流作文」では、それぞれの学習者にとって価値ある学びが成立するということが重要な要素となる。大学生にとっては、自らが考案した課題に実際に高校生が取り組むことから、まさに生きた学習材が提供されることになる。特に短作文の具体的な課題設定に関しては、グループやクラスで共有したうえで、吟味することができる。そして高校生にとっても、世代が近い大学生からの課題は興味深い内容で、意欲的に「書くこと」の課題に取り組むことができる。また先述のように、大学生からの詳しいコメントが返ってくることに対する期待も大きい。

ここで紹介した「交流作文」の試みにおいて、主体的かつ協働的な書くことの学びが可能となる。学習者の書くことに向かう意志を生かすような課題設定のもとで、効果的な授業を展開することができる。離れた地域の学校との交流が実現すれば、それぞれの地域の特性を伝え合うこともできよう。「交流作文」の充実した活動は、新たな書くことの意欲喚起に直結する。「書くこと」の領域に関する授業開発の方略として、本節において紹介した。

六、「読むこと」の授業開発——教材開発から構想する「教室の文化」を生かす実践

国語科の授業において、「読むこと」の領域が占める位置は大きい。国語科教科書においても分量の面で主流を占めているのは「読むこと」のための教材である。さらに高等学校や大学の入学試験問題でも、「読むこと」の学力を問うための問題が多く出題されてきた。詳細な読解に偏った学びへの批判が話題になる一方で、入試の「国語」では引き続き「読むこと」に関わる出題が続いている。このような状況を見る限り、これからも「読むこと」の指導は国語教育の主流としての位置づけが続くと思われる。

「読むこと」の指導では、指導者の役割が問われてきた。「読んで、説明して、分からせて、暗記させる」という指導者主導の一方向的な知識注入型の指導が展開される一方で、そのような在り方を批判する声があった。かつては「正解到達主義」という用語も流布して、あらかじめ指導者側の用意した「正解」に向けて授業を組織するという指導法の問題が議論の俎上に載せられた。その一方で「正解到達主義批判」の授業は、多様な読みを安易に許容する無責任な状況に陥るという危惧もまた表明されてきた。特に文学的な文章の読みの指導をどう考えるのかという問題に関わる追究の経緯には、しっかりと目を向けておきたい。

「読むこと」の学びを考えるときにまず意識しなければならないのは、何をどのように扱うか、という問題である。本章では、国語科の教材開発と授業開発をめぐって、実践に即した提言を試みているわけだが、本節ではまず「読むこと」の教材開発について考えてみたい。授業では、主に教科書に採録された教材を扱うのが一般的であるが、教科書編集から発行に至るまでの経緯を勘案すると、最新の素材を採録することは難しい。また採択への配慮

もあって、「定番教材」と称される教材が長く掲載され続けるという現状もある。先に言及したように、多くの指導者は学校の業務に忙殺され、新たな教材についての研究を深める時間的余裕がない。そこで過去に実践した実績のある教材は学習者の反応もある程度予測できて、余裕をもって扱うことができることから、「定番教材」が好まれる傾向にある。このような教科書の現状を考慮すると、教科書教材のみに依拠することなく、指導者自身が積極的に自主教材を開拓するという不断の努力が求められる。効果的な教材の開発は、特に「読むこと」の学びにおいては重要な前提になる。

これまで繰り返し述べてきたことであるが、教材開発に際しての重要な目標として学習者の興味・関心の喚起という点が挙げられる。学習者が自ら興味・関心を持って読むことができるような教材が求められている。そのためには、まず学習者のいる「いま、ここ」を的確に捉えたうえで、彼らの現実を尊重しその現実に即した教材開発を心がける必要がある。わたくしはこれまで、学習者の現実に着目して、いわゆる「サブカルチャー」と称される素材の教材化をめぐってさまざまな試みを続けてきた。それは「読むこと」の領域にも深く関わる教材開発であった。

マンガ、アニメーション、音楽、映画、テレビゲーム、SNSなどサブカルチャーと称される素材は、学習者を学習とは異質の方向へ導くとして、学校教育の現場ではあまり歓迎されてはいない。学校では、マンガやスマートフォンを学校生活に関係がないからという理由を掲げて、学校への持ち込みを制限することもある。ただし学校を一歩離れれば、マンガを読むという行為は学習者にとって自然で日常的な行為にほかならない。マンガのほかにも、コンパクトなゲーム機、さらにスマートフォンも、学校への持ち込みは制限される場合がある。しかしながら子どもたちは、学校を出ると直ちに鞄の奥からマンガやスマートフォンを取り出して、再びそれぞれの「日常」を生きることになるのは周知の事実であろう。

学校の中でしか通用しない禁止事項を徹底するよりも、教材や授業のパラダイム転換を試みて、例えばマンガを読むという行為の中にことばの学びの要素を組み込むことを工夫したらどうかという思いがある。指導者が学校という制度の論理にとらわれて、子どもたちを無理にその中に引き込もうとするのではなく、彼らの論理の中に進んで入って行くことによって、新たな可能性が開かれるのではないか。教材開発に当たっては、子どもたちのいる「いま、ここ」を照射しつつ、新たな判断基準を確立して真に効果的な教材開発を試みるようにしたい。

マンガを読むという行為は、小説を読む行為とは明らかに異質なものとして把握されているが、マンガを「読むこと」の教材として位置づけて実践を試みると、そこで繰り広げられる活動は小説教材とさほど変わるところはないことが明らかになる。わたくしは、マンガに加えて静止画としての絵画や写真、そして動画としての映像、アニメーション、さらに音楽やテレビゲームなどの多様なメディアを、国語科の教材として位置づける試みを続けてきた。この試みを通して、国語科の教材というカテゴリーが大きく拡張されたことになる。これからの国語科の教材開発は言語による素材のみに限定せずに、教材の範囲を大きく広げて考えるという方向も大切にしたい。ただし、国語教育という教科の枠を逸脱することなく、ことばに関わる活動を常に意識した教材の発掘が求められることもまた重要である。

「読むこと」の教材開発を考える際にいまひとつ配慮すべき要素は、教材となる素材の「長さ」と「難易度」である。特に中学一年生の授業では、「投げ込み」として短時間で扱える程度の短いもの、そしてどの学習者にも内容が把握できるような平易なものがふさわしい。ただし単に平易なだけではなく、学びを通してさまざまな謎が解明されるような素材であることもまた重要である。これらの点は、論理的な文章と文学的な文章のいずれにも当てはめて考えることができる。また現代文分野ばかりではなく、古典分野の教材開発にも応用することが可能である。

以上に言及した点に配慮したうえで、具体的な国語科教材の一つの例として佐藤雅彦の『プチ哲学』（マガジンハウス、二〇〇六）を提案したい。この本では全体で三一のテーマが、本の見開き二頁にまとめられている。すべてのテーマに著者の佐藤雅彦による絵（イラスト）と文章がそれぞれ収録されているが、いずれのテーマにもクリエーターとしての着想がよく表れている。特に一つのテーマをめぐっての絵と文章の関連という要素に注目したい。すなわち、絵とことばをそれぞれ読んでメッセージを引き出し、それについて考えを巡らすという活動が展開できる。

『プチ哲学』に収録された「二匹の小魚」のトピックから、さまざまな「読むこと」の言語活動を引き出すことができる。絵（イラスト）とそれに寄せられた文章[11]との比較、「『不変』ということ」というメッセージに関わる解説文の読解などは必須の活動になる。さらにそれぞれの素材から引き出される考え方を交流させ、その考え方の枠組みを用いて身近な場所にある事象を把握するという目標を設定できることから、適切な教材となる。

続けて授業開発の問題を考えてみたい。教材とは決してそれだけで独立したものではなく、常に授業と一体となって機能するべきものである。先述した指導者が教材を「読んで、説明して、分からせて、暗記させる」という一方向の知識注入型が、「読むこと」の授業の主流を占めていることは先にも触れた。それは教室での一斉授業の中に、一つの制度として定着したかのようでもある。国語科の指導者はさまざまな工夫を凝らして、その制度の呪縛からの解放を心がけてきた。しかしながら、例えばワークシートを導入して学習者に自主的に取り組ませるという授業を工夫したとしても、その基盤にはなお教師主導型の授業形態が見え隠れしている。

このような状況の改善を目指して、「読むこと」の学習指導に大きく三つの位相を考えることにした。それは「個人レベル」「グループレベル」「クラスレベル」と称する位相である。まず「個人レベル」では、教材となった文章を個々の学習者が個人で読むことが中心となる。そして「グループレベル」では、五名程度のグループを編成して、そのグループの中でさまざまな読みの交流を展開する。さらに「クラスレベル」では、クラス単位の一斉授業という形態において、教師の指導によってさらに読みを深めることになる。「クラスレベル」の学びでは、グループ学習の成果としての発表も実施するが、指導者からの専門的な読みの紹介なども含めることになる。この「個人」「グループ」「クラス」の学びを、導入・展開・総括のそれぞれの段階に効果的に配置することによって、「読むこと」の指導を工夫してみたい。

まず「導入」段階は、教材を個々の学習者が読むところから出発する。彼らは漢字や語句に関して辞書などによって随時調査をしながら、教材の文章を通読する。その結果、「分かったこと」を「発見」、「分からなかったこと」や「調べてみたいこと」を「問題意識」として整理する。この「発見」と「問題意識」は、それぞれ指導者がまとめて印刷し、「研究資料」として次の時間に学習者全員に配布する。

「展開」の段階は大きく前半と後半とに分けて、前半はグループ学習によって展開する。五名程度のグループを編成して、グループごとに「発見」と「問題意識」を持ち寄って、意見交換をする。「研究資料」として配布された全員の「発見」と「問題意識」も参照して、グループでの協議を深める。ある学習者の「発見」が、別の学習者の「問題意識」を解決へと導くこともある。このような学習者相互の交流および問題解決の機能を「教室の文化」の活用として捉えつつ、授業の重要な要素として位置づけておきたい。教室には多様な個性を有する学習者がいて、そこには自ずと独自の「文化」が生成している。他の学習者の考え方から相互に学び合う場所を授業の中に積極的に設け、「教室の文化」を生かした効果的な授業を展開することは、授業開発のための一つの方略になる。特にグループレベルの授業においては、この「教室の文化」の機能を重視する必要がある。

わたくしは小説教材を扱う授業において、グループレベルの学びの際に次のような研究テーマを設定したうえで、それぞれのグループに分担して研究協議を展開するようにしている。

① 物語（作品全体のストーリーを要約する）

② 人物（主な登場人物の特徴を整理する）

③事件（主な事件について因果関係に注意して整理する）
④背景（背景となった時間的・空間的特徴を整理する）
⑤構成（全体の構成を整理する）
⑥主題（主題についてさまざまな観点から検討する）
⑦表現（表現上の特色を整理する）
⑧評価（作品がどのように読まれているかを整理する）
⑨作者（作者について研究し作風等を紹介する）

一クラスに五名を基準としたグループを九グループ設置した場合、この①から⑨の研究テーマを各グループで分担して、研究を展開する。それぞれのテーマに即した詳しい研究方法に関しては、テーマごとに「研究の手引き」を作成して、グループレベルでの学習者の学びを支援することにした。また授業中に各グループの学びの様子をチェックして、できる限りの支援を行うように心がけた。

続く「展開」後半は、「クラスレベル」の学びとする。すなわち、それぞれのグループの発表をクラス全体で聞くことによって、より多様な考え方から学ぶことができるように配慮する。発表の際には、必ずグループのメンバー全員が分担して発表するように徹底した。またグループごとに「発表資料」と称するレジュメを作成してあらかじめ提出させて、発表時までに印刷したものを発表前に全員に配布するようにした。したがって、グループ単位の学びの後半では、「発表資料」の原稿作成と、発表の分担に基づくリハーサルという活動に重点が置かれることになる。

発表は授業時間一時限につき、二グループもしくは三グループが実施して、司会は各グループのリーダーが担当する。時間内に発表が終了した場合には、フロアからの質問を受けるようにした。また発表の際には「授業レポート」に発表のコメントを記入するようにして、回収した「授業レポート」はコピーをしてから切り離して、発表を担当したグループに渡すように配慮した。この活動によって、発表したグループは、自身の発表に関するクラスメートのすべてのコメントを確認することができる。

発表を中心としたグループレベルの学びの成果を受けて、「総括」段階で指導者によるまとめを実施する。この「総括」の段階では、教材に対する理解を感想文や意見文の形式でまとめたり、発展的な読書を促したりする発展的な学びも含めることにする。さらに、学習者によるパネルディスカッションや専門家を招いての講演会などを企画することも可能である。クラスレベルの学びは最終的に「個人レベル」へとフィードバックされる。

このような指導過程を成立させるためには、前提として「個人レベル」と「クラスレベル」の学びの徹底が望まれる。まず、基礎的な教材を用いた「読み方」に関する指導の徹底を目指すところから出発したい。長さや難易度を考慮し、短い時間に多くの学習者が無理なく読めるような教材を選択して、その教材を用いた読み方の学びを展開する。その成果を受ける形で、ここで紹介したような「グループレベル」の学びを加えた指導過程を構想するようにしたい。この指導過程によって、例えば前に紹介した佐藤雅彦の『プチ哲学』を教材とした効果的な「読むこと」の学習を展開することができる。

なお、以上のような「個人」「グループ」「クラス」それぞれのレベルにおける「読むこと」の学びを効果的に展開するために、わたくしは第三節で紹介した「研究の手引き」「研究資料」「授業レポート」と称する資料を原則として毎時間準備して配布することにしている。特にグループ学習の場面では、「研究の手引き」によって、各グループでどのような活動を展開するのかを明らかにできる。このような資料を活用して、効果的な「読むこと」の授業を展開するように配慮したい。このような授業を構想すると、教科書には全文が採録できないような長さの小説を教材として取り入れることが可能となる。学校の経費で学習者全員の文庫本を購入して、それを教材として小説全体を読む授業を展開することができる。そして先に言及したように、定期試験の際には文庫本を持ち込み可能にして、作品全体に関する読みを問うような試験問題を出題することにした点も付記しておきたい。

「読むこと」の学びにおいては、単に「読むこと」の領域のみを扱うのではなく、他の領域と効果的に関連させた扱いを通して、「読むこと」の学びの活性化を図ることが重要な課題となる。いまひとつ「読むこと」の今後の課題として挙げておかなければならないのは、読書指導との効果的な連携である。単に授業で扱った教材を読むだけではなく、学習者を自主的な読書活動へといざなうように導く必要がある。学校図書館やインターネットなどを有効活用しながら、一人ひとりの学習者の読書へと向かう意志を育てることは、「読むこと」の指導を工夫する際に特に重要な課題となる。

七、ことばの学びの基本としての語句・語彙の授業開発——「ワードハンティング」の実践

前の節まで国語科の領域ごとに主な実践を整理してきたが、本節では語句・語彙の授業を取り上げることにしたい。効果的な語句・語彙指導の在り方を考えるに際して最も重要なのは、学習者のことばに対する興味・関心を喚起することである。文化庁が一九九五年度から毎年実施している「国語に関する世論調査」でも、二〇一一年度の調査からは「調査目的」の中に「国民の国語に関する興味・関心を喚起する」点が加えられた。二〇二二年九月現在公開されている最新の調査結果は二〇二一年三月に実施されたものだが、「言葉遣いに対する印象や、慣用句等の認識と使用」が取り上げられ、その語句の本来の意味が理解されずに、誤って使用されているという実態が明らかにされた。

この調査の中に含まれた「俄然」「破天荒」「すべからく」という語句の意味について、および「明るみになる」

と「明るみに出る」、「寸暇を惜しまず」と「寸暇を惜しんで」、「一つ返事」と「二つ返事」は、どちらを使用するかを学習者に問うてみたい。本来の意味ではない誤った用い方が広く定着しているという事実は、彼らのことばに対する問題意識を喚起するはずである。

語句・語彙の指導は、国語科の授業時間内のみに留まらず、さまざまな機会を活用して実践するようにしたい。年間を通しての学習課題として、身近なことばを集める活動を課することも効果的である。わたくしは語句・語彙の学びの一環として、「ワードハンティング」と名づけた学習活動を提案してきた。「ワードハンティング」という名称は、見坊豪紀の『ことばの海をゆく』（朝日新聞社、一九七六）に学んだものである。見坊が国語辞書編纂のために膨大なことばのデータを収集したことを範として、学習者に身近なことばに目を向けさせ、ことばを集めるという活動を通して語彙を豊かにすることを、ワードハンティングの目標とした。

ワードハンティングは、学習者が身近なことばに目を向けるところから出発する。そして「ハンティング」という名称の通り、ことばを採取することになる。探索する場所は書籍、新聞、雑誌、パンフレットなどの身近な文字媒体、そしてテレビ、映画、CM、インターネットなどの映像を含む広い範囲を対象として、すべての学習者が関心を持って取り組めるように配慮する。初めて出会ったことばや意味がよく理解できないことばを、重点的に採取するように促す。

採取したことばはカードに記入する。カードはB6サイズの情報カード、もしくはそれに準ずる用紙として、一枚に一語ずつの記入を徹底する。まず集めたことばを「見出し語」としてカードに記入する。そして語句の意味を国語辞典などによって調査し、見出し語の下に書くようにする。続けて、採取した場所でそのことばがどのような文脈の中で用いられているのかを、「文例」として正確に写すようにする。さらに出典、すなわちどこから採取したのかを詳しくまとめる。次に採取した期日（年・月・日）を記入する。最後に「問題意識メモ」として、そのことばについて感じたことや考えたことを自由にメモする欄を設ける。

作成したカードはファイルに綴じてストックする。年間を通しての学習課題として位置づけた場合には、授業時間に指導者が定期的に点検するなどして、学習者が継続して課題と向き合うように心がける必要がある。カードの提出状況および記入状況には、個々の学習者のことばに対する興味・関心の度合いや、課題に取り組む意欲・態度が端的に表れることから、ワードハンティングを評価に有効につなげることができる。

ワードハンティングの課題に継続的に取り組むと、学習者のことばに対する興味・関心は着実に深化し、語彙を豊かにすることができる。さらに年間の課題として位置づけるだけではなく、学習の成果を生かしながら国語の授業においてより発展的に扱う方向も工夫できる。グループ内でカードを相互に交換して、他のメンバーの成果から新たなことばとの出会いを促すような機会を設けることもできる。グループ学習の際に、カードの「問題意識メモ」の欄に記入したことばに関する問題意識を交流し、話し合うことも有効である。さらに、交流の方法としてLINEを活用するのも一案である。

ワードハンティングは、年間の指導計画に即してさまざまな応用が可能である。学習者が採取した語句を、出典別に分類して語彙の傾向を調べると、新たな発見が期待できる。例えばマンガや歌詞からことばを採取した場合には、マンガや歌詞における語彙の特徴を検討することになる。ことばの世界を豊かにする語句・語彙指導を実現するために、学習者の生きる「いま、ここ」に広く目を向けて、ことばに対する興味・関心の喚起を目指したい。本節ではそのための一つの方略として、ワードハンティングの試みを取り上げることにした。

八、おわりに

本章ではこれまでわたくしが担当した中学と高等学校現場での国語教育の実践を振り返りつつ、特に授業開発の方略を検討するという観点から参考に資するものを取り上げて、その概要を紹介してきた。取り上げた実践に共通する考え方としては、まず学習者の国語科に対する興味・関心の喚起という点が挙げられる。それはそのまま学習意欲の喚起にもつながることになる。

学校は学習者にとって楽しい学びの場でなければならないと考えている。しかしながら、佐藤学が『「学び」から逃走する子どもたち』(岩波ブックレット、二〇〇〇)で指摘した「『学び』からの逃走」という問題は、いまだに解決されてはいない。佐藤の指摘を重く受け止めつつ、わたくしは解決への糸口として、子どもたちが身近な場所で接している素材に目を向けることにした。そして「逃走」した子どもたちを強制的に「学び」の場へと連れ戻すのではなく、彼らが生活している「いま、ここ」という地平に新たな「学び」を立ち上げることを目指してきた。そのためには指導者のさまざまな工夫に基づく教材開発と授業開発が求められる。そして学習者が関心を寄せるサブカルチャーの教材化も、しっかりと視野に収めておきたい。本章では教材開発という観点にも常に留意しながら、主に授業開発の観点を中心として、自身の実践に即してその方略を確認してきた。

授業実践の考察に先立って、まず教材開発についての基本的な考え方を整理するところから始めた。その考え方を踏まえて、授業開発のための方略を具体的な実践に即して整理した。基本的な方略の一つは、原則としてすべての授業に「研究の手引き」と「研究資料」、および「授業レポート」と称する資料を用意して配布し、「授業レポート」を提出させるというものである。その具体的な方法を紹介したうえで、「話すこと・聞くこと」「書くこと」

「読むこと」の領域ごとに、自身の実践の中から特に手応えのあったものを精選して紹介した。すなわち、「聞き書き」と「交流作文」、および「教室の文化」を生かした読みの交流に関わる実践を取り上げたことになる。さらに語句・語彙指導に関して、「ワードハンティング」と称する試みに言及した。

本章で紹介した実践に共通する要素は、繰り返し述べるように、国語科に対する学習者の興味・関心を喚起することである。すなわち、楽しい授業を創造することが最大の方略と言えよう。楽しい活動こそが学びの意欲に直結する。それがすべての授業の重要な出発点となる。学習者ばかりでなく、授業を提供する側の指導者自身もまた楽しい体験を実現できるような授業づくりを目指すようにしたい。もちろん単に楽しいだけではなく、国語科の確かな学力の育成につながるような授業の開発が求められる。すなわち「楽しく、力のつく」授業の創造こそが、授業開発の方略に直結することになる。

わたくしはこれまで約二八年間にわたって中等教育、その後二〇年間を高等教育の現場でそれぞれ国語教育を担当して、さまざまな試行錯誤を重ねつつ授業づくりを続けてきた。拙い実践ではあるがさらに考察を継続して、授業開発のための方略を抽出しつつ、より適切な授業の創造に向けての提言を続けることが今後の課題である。

注

（1）早稲田大学系属早稲田実業学校のこと。
（2）早稲田大学教育・総合科学学術院のこと。
（3）本章で紹介する実践は、町田守弘『国語教育の戦略』（東洋館出版社、二〇〇一）、同『国語科の教材・授業開発論—魅力ある言語活動のイノベーション』（東洋館出版社、二〇〇九）、同『国語教育を楽しむ』（学文社、二〇二〇）などに収録した実践と一部重複がある。また本章は、日本国語教育学会高等学校部会第八〇回研究会での町田守弘の講演「国語科授業開発の可能性を探る—高等学校での実践に即して」（二〇二一年一一月一三日）、および町田守弘

「国語科授業開発の方略―中等教育現場での実践に即して」『学術研究（人文科学・社会科学編）第七〇号』（早稲田大学教育・総合科学学術院、二〇二二年三月）において取り扱った内容をもとにしてまとめたものである。
（4）作詞は早稲田大学校歌と同じく相馬御風による。
（5）『日本文学』（一九八〇年六月）。この章の下沢勝井の引用はすべて同論文による。
（6）一九九七年度の主な担当は、高校三年の「現代文」文系三単位四クラスおよび理系二単位一クラスであった。
（7）『朝日新聞』の記事（一九九七年三月二四日付・夕刊、一九九七年六月四日付・夕刊）とNHKのETV特集「ある被害者の記録」の映像を、補助教材として準備した。
（8）文理両系とも『ノルウェイの森』（講談社、一九八七）の蛍が登場するシーン、そして文系は『ねじまき鳥クロニクル〈第3部〉「鳥刺し男編」』（新潮社、一九九五）の「獣医」が自らの運命と向き合うシーンを読むことにした。
（9）この章の府川源一郎の引用は、すべてこの「問題提起」による。
（10）以下の引用は原則としてすべて原文のままであるが、数字表記は漢数字に統一した。
（11）このトピックに寄せられた絵は二種類である。左右ともまったく同じように二匹の小魚が向き合って描かれているが、左の絵ではその周囲に水槽らしきものが書き加えられている。右側の絵に描かれた男女の小魚の会話は「―こんな広い海の中、／君に出会えて／なんて僕は幸せなんだ／―私もなんて／幸せなんでしょう」、そして左側の絵の会話は「―大好きな君と／いつも一緒にいられて／なんて僕は／幸せなんだ／―私もなんて／幸せなんでしょう」となっている。

あとがき

〈長文を　息子にライン　返信「り」〉（風月）――「サラっと一句！　わたしの川柳コンクール」（第一生命保険、二〇二二）に選ばれた優秀作の一句である。親からの長文ＬＩＮＥを受けた息子は「了解」の頭文字だけで返信する。親子の相手への思いの温度差が感じとれ、くすっと笑ってしまう一方、もはや言葉と呼べず、必要最低限の「暗号」を駆使する若者言葉の実態を目の当たりにして、笑えない自分もいる。

昨今、若者の間で「タイパ」（または「タムパ」）という言葉が流行っている。これは「タイムパフォーマンス」の略で、かけた時間に対する効果や満足度の程度を表す造語である。タイパ至上主義者は、スピードと情報量を最優先する。彼らは映画やドラマなどの映像作品を味わいながら鑑賞するのでなく、倍速視聴で大量に消費する。倍速視聴のニーズに応じて、すべてをセリフで説明する作品も増えているようだ。テレビの情報番組におけるテロップ解説は分かりやすく伝えるための工夫で、ビジネス書などに見られるマーカーや太字表記はタイパを意識したものであろう。こういった「分かりやすさ」があたりまえになると、人間の思考はどうなってしまうのだろうか。

長年教育現場を取材してきた石井光太は、子どもたちの言葉を奪った社会問題と国語力再生の最前線を『ルポ誰が国語力を殺すのか』の一冊にまとめ、その序章に衝撃的な事例を紹介している。都内の小学校四年生の授業で定番教材『ごんぎつね』の指導が行われた。この作品には、兵十の母親が亡くなり、村人たちが兵十の家に集まって葬儀の準備をする場面で、「大きななべの中では、何かぐずぐずにえていました」という一文がある。ごんの視点から見た光景なので、「何か」と表現されているが、前後の文脈や状況から考えると、小学生でも葬儀の参列者に振る舞う食事を用意していることが分かるはずである。ところが、この「何か」について生徒たちに話し合わせたところ、「兵十の母の死体を消毒している」「死体を煮て溶かしている」と複数の生徒が真剣な顔で答えたのだという。このような信じ難い「読み」をした理由について、石井は、子どもたちは常に大量の情報処理に追われており、一つの物事の前に立ってじっくりと向き合い、そこから想像する力が欠けているのでは、と分析している。

古文や漢文、小説などの教材は、その曖昧さや分かりにくさから、タイパは悪いかもしれない。しかし、予測困難な時代を生きるために必要な想像力、推測力を育むには適した題材である。二〇二五年度大学入学共通テストの出題科目に「情報」が加わり、受験者の負担増加が懸念される中、出題科目から「実用的・論理的ではなさそうな」古典を削ったらどうかという議論が交わされているが、そうならないと信じたい。

分かりやすく、タイパの良い言葉が重宝されるいまの時代にこそ、日本語のアイデンティティやそれによる世界観を意識し、言葉を吟味しながら言語文化を継承していくことが重要な意味を持つ。未来の言葉は過去・現在のつながりの先にあり、古人と現代の私たちの営みによって形づくられている。未来の言葉の担い手をどう育てていくのか。加速度的に変化するこの時代に問われている喫緊の課題である。本書で提案した教材と授業構想が、この課題を改善するために些かでも参考になれば幸いである。

本書の構想を練る段階で、教育・総合科学学術院の堀誠先生から貴重なご助言をいただいた。また、スケジュール通りに原稿を提出できたのは、教育総合研究所事務局の真野達也さん、助教の満下健太さんのサポートあってのことである。ご協力に心より感謝申し上げる。原稿の製本、校正の過程で、学文社の田中千津子さんをはじめ編集部の方々から多くのアドバイスをいただき、スムーズに校正作業を進めることができたことに厚く御礼申し上げる。

二〇二三年二月三日

李　軍

執筆者一覧

＊李　　軍　早稲田大学教育・総合科学学術院　講師
博士（教育学）　早稲田大学（第１章，第４章）

吉田　茂　早稲田大学教育・総合科学学術院　非常勤講師
元早稲田大学本庄高等学院長（第２章）

林　教子　文部科学省教科書調査官
博士（教育学）　早稲田大学（第３章）

町田守弘　早稲田大学名誉教授
博士（教育学）　早稲田大学（第５章）

（執筆順　　＊は編著者）

「ことばの力」を育む国語科教材開発と授業構築
—変革期に問う教材と授業のかたち—
［早稲田教育叢書41］

2023年３月30日　第１版第１刷発行

編著者　李　　軍

編纂所　早稲田大学教育総合研究所
〒169-8050　東京都新宿区西早稲田１－６－１　電話　03（5286）3838

発行者　田　中　千津子
〒153-0064　東京都目黒区下目黒３-６-１
電　話　03（3715）1501（代）
ＦＡＸ　03（3715）2012
https://www.gakubunsha.com

発行所　株式会社　学　文　社

印刷所　東光整版印刷株式会社
落丁・乱丁の場合は，本社でお取替えします
定価はカバーに表示

ISBN978-4-7620-3233-2